Ungetrennt,
unvermischt

IMPULSE FÜR LITURGIE UND GOTTESDIENST
Band 4

Herausgegeben vom
Liturgiewissenschaftlichen Institut der Vereinigten
Evangelisch-Lutherischen Kirche Deutschlands (VELKD)
bei der Theologischen Fakultät der Universität Leipzig

VELKD

Christian Lehnert | Gregor Hohberg (Hrsg.)

Ungetrennt, unvermischt

Kasualien im Miteinander von Judentum, Christentum und Islam

EVANGELISCHE VERLAGSANSTALT
Leipzig

Die Deutsche Nationalbibliothek verzeichnet diese Publikation in der Deutschen Nationalbibliographie; detaillierte bibliographische Daten sind im Internet über http://dnb.dnb.de abrufbar.

Das Buch wurde auf alterungsbeständigem Papier gedruckt.

Bei Fragen zur Produktsicherheit wenden Sie sich bitte an info@eva-leipzig.de.

Gesamtgestaltung: Thomas Puschmann · fruehbeetgrafik.de, Leipzig
Druck und Binden: BELTZ Grafische Betriebe GmbH, Bad Langensalza

ISBN 978-3-374-07314-6 // eISBN (PDF) 978-3-374-07315-3
www.eva-leipzig.de

Vorwort

Dieses Büchlein ist erwachsen aus der Wahrnehmung einer Notwendigkeit: Anfragen zu interreligiösen Kasualien nehmen zu in einer Gesellschaft, in der mehrere Religionen zu Hause sind und einander im Alltag begegnen. Trauungen, Beerdigungen, Einweihungen oder anlassbezogene Gebete, an denen mehr als eine Religion beteiligt ist, sind keine Seltenheiten mehr und stellen neue liturgische Herausforderungen dar. Vielfältige und komplexe theologische Fragen stehen dabei im Raum. In gottesdienstlichen Formen werden stets theologische Grundentscheidungen wie auch unbewusste Vorverständnisse, Prägungen und kulturelle Bedingungen sinnlich konkret und zeigen sich oftmals in aller Schärfe. So auch hier: Im gemeinsamen Feiern von Angehörigen verschiedener Religionen können Begegnungen und Vertiefungen eigener Spiritualität geschehen. Aber auch Missverständnisse, Grauzonen, vorschnelle Synthesen und in der Folge dann die berechtigte Skepsis bei eher traditionellen Gläubigen lassen sich beobachten.

Dieses Büchlein will Wege und Möglichkeiten aufzeigen, wie Pfarrerinnen und Pfarrer agieren können in diesem unsicheren Terrain. So unterschiedlich und kaum vorhersehbar sind die Situationen und Konstellationen, in denen sie dabei liturgisch gefordert sind, dass sich dieses neue Aufgabenfeld einer agendarischen Abbildung weitestgehend entzieht. Uns geht es vor allem darum, verantwortliche Möglichkeiten aufzuzeigen, die Aufmerksamkeit zu schärfen, auf heikle Punkte zu schauen und gesammelte Erfahrungen weiterzugeben – im Sinne eines orientierenden Arbeitsbuches.

Die Entwürfe sind entstanden in der Zusammenarbeit des Liturgiewissenschaftlichen Institutes der VELKD an den Universität Leipzig mit Verantwortlichen und Engagierten des Berliner *House of One*. Dieses Projekt, das im Herzen Berlins wächst, versteht sich als ein Haus mit vier Räumen: Juden, Christen und Muslime bauen es gemeinsam. Unter einem Dach werden sich drei getrennte Gebetsstätten – eine Synagoge, eine Kirche und eine Moschee – befinden, verbunden durch einen gemeinsamen vierten Raum in der Mitte. Die evangelische Kirchengemeinde St. Petri – St. Marien, von der die Initiative ausging, die Jüdische Gemeinde zu Berlin im Verbund mit dem Rabbinerseminar Abraham-Geiger-Kolleg, und die muslimische Dialoginitiative Forum Dialog e.V. haben sich dazu gemeinsam auf den Weg gemacht. Den Entwürfen in diesem Buch liegen beispielhafte Einzelfälle aus der Praxis des *House of One* zugrunde. Viele der dort gestalteten Feiern sind online dokumentiert und zugänglich, und so lassen sich konkrete Ausführungen auch auf diese Weise kritisch überprüfen.

Die vorliegenden Texte und liturgischen Vorschläge wurden in den Jahren 2020–2023 lange und immer wieder und wiederholt diskutiert und nach allen Seiten abgeklopft in Gesprächssitzungen zweier christlicher Theologen, Pfarrer Gregor Hohberg vom *House of One* und Dr. theol. h. c. Christian Lehnert, mit verantwortlichen Vertretern der anderen Religionen. Dass nur die beiden christlichen Theologen am Ende als Herausgeber auftreten, hängt damit zusammen, dass die jüdischen und muslimischen Partner aus verständlichen Gründen schriftlich fixierte Formen in einem liturgischen Arbeitsbuch für Pfarrerinnen und Pfarrer nicht mitverantworten wollten. So bildet dieses Buch auch nur den Anfang eines Weges ab, der verschlungener ist, als zunächst gedacht. Die Scheu der jüdischen und muslimischen Partner auf der Zielgeraden ist begründet: Solche gemeinsamen gottesdienstlichen Formen anlässlich von biographischen Brüchen, Neuanfängen, Abschieden oder Übergängen sind heikel. Sie bewegen sich an mehrfachen Grenzen. Sie berühren innerste religiöse Fragen, nicht zuletzt die nach Beheimatung und Zugehörigkeiten. Hier ist Zeit nötig, in denen Gemeinsamkeiten wachsen und Unterschiede klar identifiziert und bewusst werden können.

Deutlich aber ist, dass die Begegnung zwischen unterschiedlichen Religionen eine der wichtigsten theologischen Herausforderungen der Gegenwart darstellt, die auch die sogenannten Kasualien berührt. Wünsche nach ritueller Beheimatung verlangen heute von Theologinnen und Theologen eine reflektierte Sensibilität für den Verlauf und die Beweglichkeit eben der Grenzen, die sich in der Konfrontation mit anderen religiösen Wahrheitsansprüchen in kultischer Gestalt und in den Verunsicherungen durch die Anwesenheit Andersglaubender und Andersdenkender erst bilden. Das ist an sich nicht neu: Auch in der Begegnung mit den sogenannten Konfessionslosen entstehen ähnliche Fragen. Da wir unsere Religiosität als moderne Menschen subjektiv fassen und individuell verantworten, sind wir den Fragen, die sich hier ergeben, in besonderer Weise ausgesetzt: Sie betreffen unsere Existenz und Weltorientierung. Fremdem zu begegnen, das nie ganz das Eigene werden kann, ist der Lebensvollzug des modernen Menschen als sozialem Wesen. Wir atmen nicht nur im Körper, sondern auch im Geist: Wir bilden uns im Austausch. Unentwegt antworten wir, weil wir angesprochen sind, ob wir wollen oder nicht. Der große Theoretiker des Fremden, Bernhard Waldenfels, schrieb: »Der Blick, der uns trifft. Und die Bitte, die sich an uns richtet, bringen uns in die Verlegenheit nicht nicht antworten zu können. [...] Wir wählen, was wir antworten, nicht worauf wir antworten.« In liturgischen Situationen, wo Geburt und Tod, Anfang und Ende, Liebe und Bindungen nach Deutungen und Begleitung verlangen, wird das besonders deutlich: Religiöse Identität ist kein Besitz und keine einfache Gegebenheit, sondern Antwort. So will dieses Büchlein Ausweis einer Atembewegung in mehrere Richtungen sein - und zugleich auch der Formung einer klaren christlichen Gestalt darin.

Zu den einzelnen liturgischen Entwürfen sind Einleitungen gestellt, die theologische Hintergründe, praktische Empfehlungen und Hinweise auf mögliche Problemfelder enthalten. Dazu kommen einige Essays, die grundsätzliche theologische Fragen zum interreligiösen Gebet verhandeln. Dies alles verstehen wir als eine Wegbeschreibung, die nicht auf den Rückblick, sondern auf die Fortbewegung und damit auf eigene Erfahrungen zielt.

Christian Lehnert (Breitenau),
Gregor Hohberg (Potsdam)
im Spätherbst 2024

Inhalt

Michael Meyer-Blanck

Öffne meine Augen. Chancen und Grenzen interreligiösen Betens aus christlicher Sicht

Fundamentale Asymmetrie

Beten ist ein Vorgang grundsätzlicher, radikaler Asymmetrie. *Phänomenologisch* handelt es sich um ein Gespräch, bei dem ein Partner mit Du angeredet wird, der aber als Gesprächspartner nicht greifbar ist. Darum hat Immanuel Kant gemeint, wer jemanden beim Beten beobachte, könne leicht zu der Meinung kommen, dieser sei von Sinnen. Das Gespräch ist eben neutral betrachtet gar kein solches, sondern es erscheint als ein Selbstgespräch.

Aber auch *theologisch*, aus der Innensicht des glaubenden Menschen, ist das Gebet von einer grundlegenden Asymmetrie gekennzeichnet. Wer ernstlich betet, setzt das Gegenüber als das radikal Andere, das mit dem Namen »Partner« zu belegen bereits ein spiritueller Widerspruch wäre, denn der Allerhöchste ist keinesfalls mit menschlichen Maßstäben zu erfassen. »Du sollst dir kein Bildnis noch irgendein Gleichnis machen« (2 Mose 20,4), so lautet die elementare Anweisung Israels für die Annäherung an Gott; ihm werden zwar Häuser gebaut – aber »der Allerhöchste wohnt nicht in Tempeln, die mit Händen gemacht sind« (Apostelgeschichte 7,48). Gott lässt sich nicht auf heilige Orte festlegen.

Gebet ist darum keinesfalls ein Gespräch unter Gleichen, sondern der Versuch, im Modus eines analogielosen, sonst in der menschlichen Erfahrung nicht vorkommenden Gespräches den Gott zu finden, der sich suchen lässt (Jeremia 29,13f.) und der seinerseits den Menschen sucht und immer schon gefunden hat (Jeremia 1,5; Psalm 139,13-16). Der Glaube beruft sich dazu auf die Gotteserfahrungen früherer Menschen, die Gott als nahbar, als selbst vernehmbar erlebt haben: »Mein Herz hält dir vor dein Wort: ›Ihr sollt mein Antlitz suchen.‹ Darum suche ich auch, Herr, dein Antlitz.« (Psalm 28,8) Aber es bleibt bei der radikalen Asymmetrie: Wie schwer sind Gottes Gedanken für den Menschen (Psalm 139,17)! Die Gedanken der Menschen sind nicht die Gedanken Gottes, denn »so viel der Himmel höher ist als die Erde, so sind auch meine Wege höher als eure Wege und meine Gedanken als eure Gedanken« (Jesaja 55,9). Gebet ist jenes Gespräch, das eigentlich gar keines ist, weil das Gegenüber nicht dingfest zu machen ist. Das Gespräch gelingt dann, wenn es gelingt, immer mehr zu einem Hören auf Gott zu werden.

Gemeinschaft der Asymmetrien

An dieser Stelle ergibt sich aber sogleich eine große Nähe von Judentum, Christentum und Islam. Alle drei Glaubenstraditionen verehren einen Gott, der nicht nur nahe ist, sondern auch fern, einen Gott, der dem Sinnen und Trachten des Menschen entzogen bleibt: »Bin ich nur ein Gott, der nahe ist, spricht der Herr, und nicht auch ein Gott, der ferne ist?« (Jeremia 23,23)

Alle drei Religionen führen sich auf eine Offenbarung Gottes selbst in der Geschichte zurück und »wissen« darum aus der Perspektive ihrer Glaubenserfahrung Fundamentales von Gott, sie kennen die Bedingungen der Möglichkeit, Gott zu vernehmen. In der Geschichte des Volkes Israel und der Tora, im Leben, Sterben und Auferstehen Jesu Christi, in dem an Muhamad übergebenen Koran ist Gott dem jeweiligen Glauben verbindlich zugänglich geworden. Ein wichtiger Bestandteil dieses Offenbarungsverständnisses ist aber in allen drei Religionen die Überzeugung, dass Gott selbst jenseits aller menschlichen Gottesbilder der ganz Andere bleibt. Vor dem Anderssein Gottes muss alles menschliche Reden und Rechten verstummen (Hiob 40,1–5). Gerade die Offenbarung verweist zugleich auf den qualitativen Unterschied zwischen Mensch und Gott. Dieser zeigt sich als der ganz Andere, der Unfassbare: »Gott ist im Himmel und du auf Erden« (Prediger 5,1).

Das gilt für die Erkenntnis Gottes in der Erwählung Israels, im Kreuz Jesu Christi und in der Anrede durch das Wort des Korans in ähnlicher Weise. Für Juden, Christen und Muslime gleichermaßen ist das Gebet eine *unmögliche Möglichkeit*, ein sinnstiftendes menschliches Handeln im Bewusstsein radikaler Asymmetrie. Mit dem Gebet überschreitet der Mensch seine Grenzen und seine Kompetenzen. Er nimmt Kontakt auf mit dem, was ihm prinzipiell unerreichbar ist, was ihn aber immer schon erreicht hat und umfängt.

Aus der Sicht aller drei Religionen lässt sich formulieren: Wir sprechen Gott an – und wir wissen doch gleichzeitig, dass wir ihn gar nicht ansprechen müssen und können, da er uns immer schon besser kennt als wir selbst. Wir bitten Gott in unseren Sorgen und Ängsten – und wissen, dass er unsere Bedürftigkeit immer schon kennt (Matthäus 6,8) und dass seine Erfüllung eine andere sein wird als das Sinnen unserer Weisheit. Wir danken und loben Gott – und wissen, dass er unseres Dankes nicht bedarf, aber gleichzeitig unseren Dank zu sich kommen lässt, weil er die Menschen und das Leben mit ihnen liebt.

Alle betenden Sprechakte sind Grenzüberschreitungen. Dennoch sehen wir uns zum Beten ermutigt, da Gott uns zwar entzogen bleibt, aber zugleich als der Allmächtige und als der Allbarmherzige geglaubt wird, dem an den Menschen gelegen ist. Gott könnte für sich sein und bedürfte unserer nicht, aber er hat sich in freier Liebe dafür entschieden, nicht ohne die Menschen sein zu wollen. Judentum, Christentum und Islam betonen auf je ihre Weise die Asymmetrie zwischen Gott und Mensch und sind in dieser Erfahrung von Asymmetrie verbunden. Das Gebet als unmögliche Möglichkeit zeugt von einem Gottesverhältnis, in dem der Mensch seine Freiheit realisiert und seine Autonomie bewährt, indem er sich der Freiheit und Autonomie als einer verdankten bewusst wird: »Er hat uns gemacht und nicht wir selbst« (Psalm 100,3). Von diesem gemeinsamen Fundament aus beschreiben Juden, Christen und Muslime ihre Gebetspraxis. Der christliche Weg des Gebetes soll im Folgenden kurz skizziert werden.

Das Gebet zum Vater …

Christen beten aus zwei Gründen zu Gott dem »Vater«. Zum einen geht das christliche Gebet vom Beten Jesu aus, der Gott als »Vater« bezeichnet hat und der seine Freunde und Nachfolger dazu ermutigt hat, das Vaterunser (Matthäus 6,9–15; vgl. Lukas 11,2–4) zu verwenden. Mit seinem Leben, Sterben und Auferstehen ist Jesus zugleich in seiner unvergleichlichen Nähe zu Gott in Erscheinung getreten, so dass er sich für den christlichen Glauben nicht nur als Prediger und Prophet der nahen Gottesherrschaft gezeigt hat, sondern zugleich als das »Wort« (Johannes 1,1–14), die »Wahrheit« und das »Leben« (Johannes 14,6–9) aus Gott, so dass er nicht nur Gott seinen »Vater« nannte, sondern seinerseits in den frühen christlichen Texten als »der Sohn« bezeichnet wurde (Matthäus 3,17; 11,27; Johannes 1,14; 3,16; 3,36). Christen beten demnach nicht nur *wie* Jesus und *mit* Jesus zu Gott dem Vater aller Menschen, sondern auch zu Gott als dem Vater Jesu Christi, dem Vater des einen und einzigen Sohnes Gottes (des »eingeborenen« Sohnes [Johannes 3,16]). Christen beten zu Gott, dem Vater des Sohnes, durch den wir im Glauben den »Zugang« zum Vater bekommen haben (Römer 5,2). Christen kennen und bekennen Gott als den Vater Jesu Christi. Wenn Christen den direkten Bezug auf Jesus – warum auch immer – unterlassen, ist ihr Beten dennoch von Jesu Gottesbild und der Vorstellung des sich liebend zuwendenden Vaters geprägt. Das Gebet Jesu strahlt auf jedes christliche Gebet aus. Der Widerschein Gottes auf dem Antlitz Jesu (2 Korinther 4,6) grundiert jedes christliche Gebet, unabhängig von den Worten und Gesten, mit denen es gesprochen wird.

… durch den Sohn …

Neben der Vorstellung, mit den Worten Jesu (mit dem Vaterunser) zu Gott zu beten, hat sich darum auch bald auch die Überzeugung gebildet, »im Namen Jesu« zu Gott zu kommen und zu beten. Jesus, der Auferstandene, wird als der Weg und Zugang verstanden, mit dem die unmögliche Möglichkeit des Redens zu Gott und der an Gott gerichteten Bitten gewagt werden kann. Diese glaubende Gewissheit kommt besonders im Johannesevangelium zum Ausdruck. Dort sagt Jesus beim Abschied von seinen

Jüngern: »Wenn ihr den Vater um etwas bitten werdet in meinem Namen, wird er's euch geben.« (Johannes 16,23) Und kurz zuvor sagt er das sogar von sich selbst: »Was ihr mich bitten werdet in meinem Namen, das will ich tun.« (Johannes 14,14) Die Christenheit betet darum, wenn sie sich an den Vater wendet, »durch den Sohn«. Das bekannteste Gebet Martin Luthers, sein Morgen- und Abendsegen, beginnt darum jeweils mit den Worten: »Ich danke dir, mein himmlischer Vater, durch Jesus Christus, deinen lieben Sohn, dass du...«. Christenmenschen beten mit dem Sohn zu dem Vater im Himmel, in der Gewissheit der Liebe – als dem Wesen des Vaters. Er will, dass wir leben (1 Johannes 4,9).

... im Heiligen Geist ...

Die Gewissheit, dass die Liebe des Vaters und des Sohnes das Wesen Gottes ausmacht (1 Johannes 4,16), wird im Neuen Testament als der Heilige Geist beschrieben und bezeichnet. Durch den Heiligen Geist wird Jesus als der Herr erkannt (1 Korinther 12,3). Das einzigartige Verhältnis zwischen Gott dem Vater und dem Sohn wird durch den Heiligen Geist zugänglich. Der Geist ist die Art und Weise, in der Menschen an der Gnade Jesu Christi Anteil bekommen. Der Geist ist die Verbindung zwischen dem Vater, dem Sohn und den glaubenden Menschen.

Darum ist die voll entwickelte Form des gottesdienstlichen Betens das Reden *zum Vater durch den Sohn im Heiligen Geist.* Im Geist weiß die versammelte Gemeinde zwar weiterhin von der beschriebenen Asymmetrie; aber sie weiß zugleich, dass die Erzählungen vom Vater und vom Sohn keine Historien sind, sondern gegenwärtige Lebensgeschichten. Im Heiligen Geist ist *jetzt* die

Zeit der Gnade (2 Korinther 6,2) des Vaters und des Sohnes. Der Glaube betrachtet die Bibel nicht als Summe von Berichten aus der Vergangenheit, sondern als etwas, worin Gott heute gehört werden kann. Das ist das Werk des Geistes. Weil das menschliche Gebet immer wieder schwächelt, ist der Geist notwendig, um uns beim Beten zum Vater durch den Sohn zu helfen: »Der Geist hilft unsrer Schwachheit auf, denn wir wissen nicht, was wir beten sollen« (Römer 8,26).

... in der Gemeinschaft der Gott Suchenden

Das christliche Gebet ist vom Beten Israels in den Psalmen geprägt, am Beten Jesu orientiert und auf immer neuer Suche nach glaubender Gewissheit, wie sie in der Rede vom gegenwärtig wirksamen Geist zum Ausdruck kommt. Das ist der Grund, warum die Christenheit nicht anders als trinitarisch beten kann - ob sie dabei die Begrifflichkeit »zum Vater durch den Sohn im Heiligen Geist« explizit benutzt oder nicht.

Gerade damit aber ist das christliche Gebet zugleich offen für andere Menschen, die anders oder gar nicht glauben. Das Wissen um die Asymmetrie zwischen Gott und Mensch und um die grundlegende Unwissenheit, Unfähigkeit und Schwäche beim Beten (Römer 8,26) machen Christen in ihrer glaubenden Gewissheit bescheiden. Christen können es ertragen, wenn andere zum barmherzigen Vater beten, ohne dass sie den Weg über den Sohn (Johannes 14,6) mitgehen. Freilich werden sie alle Gebete im Horizont des Betens Jesu hören und verstehen, wie sie umgekehrt davon wissen, dass Juden und Muslime alle Gebete im Horizont ihres eigenen Gebetsverständnisses hören werden. Die gemeinsame Suche nach Gott, dessen Barmherzigkeit noch kein Ende hat, sondern alle Morgen neu ist (Klagelieder Jeremias 3,22f.), verbindet alle Menschen, die Gott in seiner Lebendigkeit und Zuwendung verehren und nicht als starres Prinzip ansehen. Darum wird man über Juden, Christen und Muslime und über alle Menschen, die sich (noch) nicht von Gott gefunden wissen, sagen können: »Öffne meine Augen, dass sie sehen die Wunder an deinem Gesetz. Die Gott suchen, denen wird das Herz aufleben.« (Psalm 119,18; Psalm 69,33; Evangelisches Gesangbuch Nr. 176)

Ahmad Milad Karimi

Zur Polyphonie einer gemeinsamen Gottbezogenheit

»Das Gebet, sei es individuell oder gemeinschaftlich, ist also der Ausdruck des innerlichen Sehnens des Menschen nach einer Antwort in der schrecklichen Stille des Universums.«[1]

Muhammad Iqbal

Die menschliche Zuwendung zu Gott wird im Islam als Gebet begriffen. Dabei hat das Gebet verschiedene Formen: das Gedenken Gottes (arab. *ḏikr*), das Bittgebet (arab. *duʿāʾ*) und das rituelle Gebet (arab. *ṣalāt*) in seinen mannigfachen Arten und in seinem verpflichtenden Charakter. Im Koran selbst sind nicht nur die Bedeutung und der Stellenwert des Gebetes hervorgehoben, sondern er selbst gilt als eine Schule des Betens, enthält er doch zahlreiche Gebete, Gebete der Propheten, der Engel und der Gläubigen. Das Gebet Abrahams im Koran, der Urvater des Glaubens ist nur ein Beispiel: »Unser Herr, auf Dich vertrauen wir, Dir kehren wir uns zu, und zu Dir führt die Heimkehr.« (Koran 60,4). Die Artikulation dieses Gebets, als die eigene Zuwendung zu Gott, ist eingebettet

1 Muhammad Iqbal, Die Wiederbelebung des religiösen Denkens im Islam, aus dem Englischen von Axel Monte und Thomas Stemmer, Berlin 2003, S. 120.

in die Vergegenwärtigung prophetischer Tradition. Somit treten die Propheten ins Leben der Gläubigen als Betende ein, insbesondere der Prophet Muhammad, der einst programmatisch bemerkte: »Meinen Augentrost habe ich im Gebet gefunden.« Nicht die Propheten werden angebetet, sondern Muslime vergegenwärtigen sich die Propheten, indem sie ihnen nachbeten, ihre Gebete verinnerlichen, sich ihre Gebete zu eigen machen. Anbetungswürdig ist allein Gott, der eine Gott, der die Menschen konzentrisch anzieht. Die Vergegenwärtigung Gottes soll dabei gänzlich im Leben eingeschrieben sein: »Und gedenke unablässig deines Herrn und rühme Ihn am Abend und in der Frühe«, heißt es im Koran (Koran 3,41). Muslimisches Leben beginnt mit dem Namen Gottes (*bismi 'llāh*); es vollzieht sich im Bewusstsein göttlicher Gegenwart und es nimmt sein würdiges Ende mit der Vergegenwärtigung Gottes. Vor allem die mystische Tradition des Islams hat dieses unablässige Gedenken Gottes im Leben mit unterschiedlichen Weisheiten und Praktiken kultiviert. Dabei liegt die Bedeutung des Gedenkens Gottes in einer existentiell-spirituellen Fülle: »Die, die glauben und deren Herzen im Gedenken Gottes ruht – ja, im Gedenken Gottes ruhen die Herzen« (Koran 13,28f.). Mit dieser Haltung ist eine der zentralen Bedeutungen des Betens angezeigt: Im Gebet finden die Herzen der Menschen Ruhe. Mit Gott ist Stille, aber kein Stillstand. Das Gebet öffnet Menschen für Gott. Die Einsicht dahinter ist, dass der Mensch nicht hin und wieder betet, an bestimmten Zeiten und Orten, sondern Menschsein ist im Gebet verankert. Der muslimische Mystiker Maulānā Rūmī sagte daher: »Ich ward ganz zum Gebet.« Obgleich das Gebet nicht selten als eine Möglichkeit der Erfüllung von Erwartungen und Wünschen funktionalisiert wird, bei dem es ausschließlich um uns selbst geht, wurde in der islamischen Geistestradition die Idee kultiviert, dass Beten wesentlich Begegnung bedeutet. In der Begegnung mit Gott, die den Menschen existentiell berührt, eben kein Selbstgespräch des Menschen darstellt, geht es um eine innerlich-vollzogene Öffnung für das Göttliche, um eine außerordentliche Begegnung des Außerordentlichen. Im Gebet wird eine Wirklichkeit als unendliche Gabe eröffnet, die den Menschen übersteigt, ihn erhebt, verwandelt, seine Einsamkeit in Begegnung, seine Leere in Fülle, seine Angst in Hoffnung verwandelt. Im Gebet erhebt sich der Mensch zum Absoluten. Diese intimste Möglichkeit menschlicher Selbstentgrenzung wird im Gebet fassbar, indem sich der Betende Gott in Demut hinhält.

Daher lässt sich die Idee, dass das rituelle Gebet eine Pflicht der Gläubigen sei, nicht als eine Art äußerlicher Zwang begreifen. Nicht Gott benötigt das Gebet. Im Gebet kommt der Mensch zu sich selbst, kommt in Berührung mit sich, mit seiner Wahrheit. Indem sich der Mensch aufrichtig zu Gott ausrichtet, ist der Mensch ohne jede Maske, unverstellt, einfach er selbst mit all seinen Wunden und Narben, mit all seinen Schwächen und seinen Nöten in der Gegenwart Gottes aufgehoben. Daher ist aus dem Koran zu entnehmen: »Und wer sich reinigt, der reinigt seine eigene Seele« (Koran 35,18). Ob individuell oder gemeinschaftlich wird das rituelle Gebet in Richtung Mekka, der Kaaba verrichtet. Dem rituellen Gebet geht eine spirituelle Handlung voraus: die Waschung. Hierbei soll das Wasser, welches über die einzelnen Teile des Körpers fließt, »das weltliche Gefäß« des Menschen reinigen, bevor das Göttliche an die Seele rührt. Körper und Geist gehören im Gebet zusammen. Das Gebet ist ein zutiefst ästhetisches Ereignis. Daher stellt das Gebet im Islam nicht nur eine kognitiv-rationale Tätigkeit dar, sondern es umfasst den ganzen Menschen. Das ganze Dasein richtet sich zu Gott. Das Gebet wird auf einem Tuch, einem

Teppich, verrichtet. Wie einst Mose vor seiner Begegnung mit dem Ewigen am Dornbusch, so ziehen auch die Muslime ihre Schuhe aus.[2] Die Füße sollen bewusst den Boden berühren. Der einfache Boden avanciert zu einem heiligen Boden, einer Moschee, einer Niederwerfungsstätte. Damit nehmen die Betenden eine Demutshaltung ein, die hier gefordert ist. Der Ewige offenbart ihnen nicht Sein Antlitz, sondern die Erde, auf der sie stehen, aber die jetzt in ihrer Heiligkeit offenbar wird. Der Gebetsakt ist ein andächtiger, ein achtsamer Akt. Das rituelle Gebet selbst wird rhythmisch mit wiederkehrenden Elementen, die sich Gebet für Gebet wiederholen, fünfmal am Tag, also am Morgen, am Mittag, am Nachmittag, am Abend und in der Nacht, mit je unterschiedlichen Einheiten vollzogen. Dabei sind es verbindliche Gebetstexte, die meistens aus dem Koran entstammen und im Gebet rezitiert werden. Dazu gehört konstitutiv die erste Sure des Korans, die mit dem »Vaterunser« vergleichbar ist. Mit Andacht nehmen Betende eine aufrechte Haltung ein, indem sie aus dem Koran mal hörbar, mal im Stillen rezitieren, um sich dann vor Gott zu verbeugen, sich dann niederzuwerfen und sich erneut aufzurichten, gleichsam zu verwelken und dann wieder zu erwachen. Mit einem Friedensgruß nach rechts und einem Friedensgruß nach links wird das rituelle Gebet beendet. Danach formen die Betenden ihre Hände zu einem Gefäß, richten sie nach oben und artikulieren ihre Bittgebete, die vielfältig sein können: Lob, Preis, Dank, Bitte, Klage, Fluch, Reue.

Jede Form des Betens, ob verbales, nonverbales Gebet, hörendes Gebet, spontanes Herzensgebet, vorgeformtes, rituelles Gebet, hat eine je eigene existentielle Bedeutung. Insofern stellt sich

2 »Ziehe deine Schuhe ab von deinen Füßen, denn der Ort, auf dem du stehst – heiliges Erdreich ist er!« (Exodus 3,5).

die Frage, inwiefern auch interreligiöse Gebete möglich sein können. Der Islam versteht sich aus der bleibenden Bezogenheit zum Christentum und Judentum heraus.[3] Ferner ist der Islam mit dem Judentum und Christentum wesentlich in der Einsicht verwandt, dass der Mensch im Anspruch einer göttlichen Wirklichkeit steht, worüber er selbst aber nicht verfügt. Daher glauben die Muslime an einen *gemeinsamen* Gott,[4] der sich in unterschiedlichen geschichtlichen Zusammenhängen in je anderer Weise offenbart hat. Die Zuwendung zu Gott hat dementsprechend auch andere Formen, aber den gleichen Inhalt, zumindest die gleichen Fragen. Das Gebet im Islam ist nichts Starres, nichts Homogenes, sondern in seinem Wesen ein inneres Rufen des Menschen nach Gott, weil der Mensch sich zur Frage geworden ist und sich selbst nicht genügt. Daher lässt sich darauf, ob interreligiöse Gebete möglich sind, keine pauschale Antwort formulieren, aber sehr wohl zeigen, dass interreligiöse Gebete das muslimische Selbstverständnis nicht verfremden und dass der innere Ruf gemeinsam vollzogen werde kann. Das rituelle Gebet in seiner vermittelten Form, die unabänderlich scheint, kann als eine Grenze interreligiöser

3 So heißt es im Koran: »Siehe, Wir haben herab gesandt die Tora, darin Führung und Licht. Wir ließen ihnen folgen Jesus, den Sohn der Maria, um zu bestätigen, was vor ihm war in der Tora. Wir gaben ihm das Evangelium, darin Führung und Licht, um zu bestätigen, was vor ihm war in der Tora als Führung und Ermahnung für die Gottesfürchtigen. Und Wir haben dir herab gesandt die Schrift mit der Wahrheit, um zu bestätigen, was vor ihm war von der Schrift und darüber Gewissheit zu geben« (Koran 5,44-48).

4 »Sagt: ›Wir glauben an Gott und an das, was uns wurde herabgesandt, und was Abraham wurde herabgesandt, Ismael, Isaak, Jakob und den Stämmen, und was empfingen Mose und Jesus, und was empfingen die Propheten von ihrem Herrn. Nicht unterscheiden wir unter ihnen und Ihm wir sind ergeben.‹« (Koran 2,136).

Gebetsmöglichkeit empfunden werden, aber es ist nicht die einzige Zuwendungsmöglichkeit zu Gott, sodass es nicht nur reizvoll, sondern theologisch geboten ist, auch Formen interreligiöser Gebetsmöglichkeiten zu entwickeln. Wenn sich Judentum, Christentum und Islam in einem Haus der Schöpfung vorfinden und dieses Leben in gegenseitigem Respekt, in gestaltender Liebe und in vollzogener Barmherzigkeit teilen, dann auch in ihrer gemeinsamen Zuwendung zu Gott. Gläubige sind angehalten, mit den Juden und Christen um die guten Dinge zu wetteifern.[5] Dieses Engagement für das Gute und Gerechte müsste in einer tief empfundenen Haltung gründen, dass sie miteinander zueinander gehören. Erst das interreligiöse Gebet kann zeigen, dass Juden, Christen und Muslime nicht nur Gläubige sind, sondern Mitbetende. Dies kann und darf nicht die Unterschiede unsichtbar machen, die Differenzen verdrängen, die Stolpersteine verschweigen, sondern in ihrer Polyphonie einen gemeinsamen Transzendenzbezug kultivieren, eine geteilte Spiritualität hervorbringen, für einen »schönen Streit«, für das gemeinsame Hadern mit Gott, für eine gemeinsame Mission einer friedlichen und lebbaren Zukunft.

---

5 Vgl. Koran 5,48.

Gregor Hohlberg

Liturgische Erfahrungen im *House of One*

»Grau teurer Freund ist alle Theorie und grün des Lebens goldener Baum«

(J. W. Goethe)

Einführung. Das *House of One* und Grundfragen zur Liturgie

In Berlin entsteht das *House of One*. Ein Bet- und Lehrhaus für drei und mehr Religionen, wo sich unter einem Dach Synagoge, Kirche und Moschee und zwischen diesen Gebetsräumen ein vierter Raum der Begegnung befinden werden. In den getrennten Sakralräumen kann die Fülle der jeweiligen Glaubenstraditionen gelebt werden. Im gemeinsam verantworteten vierten Raum findet der Austausch darüber statt, wird gemeinsam nach neuen Wegen des Miteinanders gesucht und können weitere Religionen oder Weltanschauungen Teil des Dialoges werden.

Die Juden, Christen und Muslime, die aus den Gründungsgemeinden des nun im Bau befindlichen Hauses stammen und Träger der Stiftung *House of One* sind, arbeiten seit 2010 gemeinsam in dem Projekt. Sie planen es, sie entwickeln es weiter, sie pflegen das Gespräch untereinander und mit vielen weiteren Gesprächspartnern.

Im Zentrum des Projektes steht für alle Mitwirkenden der Vollzug der je eigenen Glaubenspraxis im Zusammenspiel mit derjenigen der anderen, dazu das theologische Nachdenken und der intensive Austausch über die Auswirkungen des Miteinanders im gemeinsamen Projekt. So ist es nur folgerichtig, dass sie auch im liturgischen Miteinander Schritte zueinander wagen. Sie beten seit über zehn Jahren Seite an Seite und laden sich gegenseitig ein in ihre Gottesdienste oder Gebete. Auf diese Weise wurden und werden im *House of One*-Projekt liturgische Erfahrungen im Miteinander gesammelt.

Das wirft viele Fragen auf:

- Was muss beachtet werden, wenn Menschen verschiedener Glaubensrichtungen gemeinsam beten?

- Wie bringen sie ihre jeweiligen Glaubenstraditionen ungebrochen ein?

- Wie verhält man sich angemessen als Gast einer anderen religiösen Tradition?

- Wie kann das Miteinander von Gastgeberin und Gast gottesdienstlich gestalten werden? Verändern sich durch gemeinsame Erfahrungen Gebetstraditionen? Ja, entstehen neue Formen, die dennoch dem Miteinander von Unterschiedlichem Rechnung tragen?

- Wird es eine Liturgie des vierten Raumes geben?

- Wie könnten gemeinsam entwickelte religiös-spirituelle Formate aussehen?

Letztlich werden neue Formen gesucht, die die Traditionen nicht vermischen, sie aber auch nicht einfach addieren.

Verstärkt wird diese Suchbewegung durch die Begegnung mit religiösen Fragen und Sehnsüchten der Menschen einer säkular geprägten Mehrheitsgesellschaft in Berlin. Sie zeigt, dass es ein zunehmendes Bedürfnis nach neuen, liturgischen Formen gibt, nach Ritualen, die über individuelle Lebenssituationen hinausreichen. Die Gesellschaft verändert sich, wird komplexer, unübersichtlicher, die institutionellen Religionen verlieren an Zuspruch, aber der Wunsch nach Begleitung, nach einer Perspektive, die über die Gegenwart und Ihre Verengungen hinausträgt, bleibt.

Menschen suchen, oft in Grenzsituationen des gesicherten oder als sicher geglaubten Lebens oder in Notfällen, eine öffentliche Ausdrucksform für ihre Gefühle, für offene Fragen und Unsicherheiten. Rituale werden gesucht, die für diejenigen, die anderes und anders glauben, und für diejenigen, die auf dem Weg sind und sich spirituell, aber nicht religiös wahrnehmen, zugänglich sind und ihnen Möglichkeiten des Zusammenwirkens oder der Teilnahme bieten. Jede liturgische Form soll einen Rahmen für die spirituelle Entfaltung der Seele des Einzelnen bilden. Er oder sie soll sich darin bewegen und entfalten und am größeren Geheimnis Gottes teilhaben können. An denen, die um rituelle und spirituelle Unterstützung bitten, sollten Religionsvermittler daher nicht achtlos vorübergehen, vielmehr sich ihnen als ihre barmherzigen Samariter der Liturgie zuwenden.

Einige Beispiele seien hier genannt:

- Seit 2011 betet das *House of One*-Team Jahr für Jahr am 11. September für den Frieden. Es wurden multireligiöse Gedenkandachten für die Opfer der Terroranschläge von Srebrenica, Paris, Christchurch und Sri Lanka, Nizza und Wien, Hanau und Halle gehalten. Es fanden multireligiöse Gebete für den Frieden mit Vertretern der Kaukasusregion statt, ebenso mit Vertreterinnen der Black lives matter Bewegung aus den USA. Gemeinsam wurde auch an positiv besetzten Gedenktagen gebetet - zum 30. Jahrestages des Mauerfalls, zum 70. Jahrestag des Grundgesetzes und zum Weltfriedenstag.

- Im *House of One*-Team erfolgt eine stete Auseinandersetzung mit liturgiebezogenen Anfragen und ihren theologischen Implikationen. Es ist ein Nachdenken darüber, wie Religionsvertreter gemeinsam und öffentlich für ein Anliegen eintreten können, ohne dass der Eindruck entsteht, dass eine neuartige gemischt-religiöse Gemeinschaft gebildet wird. Behutsam werden daher neue Formen entwickelt und ausprobiert. Das Bewusstsein, dass religiöse Rituale tiefliegende Überzeugungen abbilden, gebietet den *House of One*-Akteuren neue liturgische Schritte vorsichtig und in aller Vorläufigkeit zu setzen. Durch das gemeinsame Bedenken und Durchführen von Gebeten wächst mit der Zeit ein lebendiges Verständnis von Liturgie, ihren Möglichkeiten und ihren Grenzen.

Allgemeine liturgische Vorüberlegungen

Das *House of One*-Team setzt in seinem theologischen Nachdenken voraus, dass Liturgie ein offenes Feld ist, so weit und groß wie

Gottes Gnade. Keine Religion füllt das Meer der Offenbarung mit ihrer Glaubensgestalt und ihren rituellen Formen ganz aus. Das bedeutet, dass viele liturgische Form möglich sind und den Geist Gottes bergen können. Gebet, Liturgie und Gottesdienst bleiben eine nicht abschließbare, stets zu wagende Gestaltungsaufgabe. Die Grenze aller liturgischen Möglichkeiten, zumindest für die monotheistischen Religionen, bildet das 1. Gebot. Keine liturgische Gestalt darf ein endgültiges Bild von Gott postulieren oder formen wollen.

In all dem ist den Akteuren bewusst, dass die kulturellen Unterschiede zwischen den Beteiligten an einem multireligiösen Gebet mindestens ebenso schwer wiegen, wie ihre religiösen Unterschiede. Zugleich erleben Juden, Muslime und Christen Gemeinsamkeiten in ihren religiösen Ritualen, die diese drei zusammen von der säkularen Gesellschaft unterscheiden.

Schritte auf dem Weg zur liturgischen Zusammenarbeit

Die drei Ortsgemeinden, die im *House of One*-Projekt stellvertretend für ihre Religionen aktiv sind, stehen am Rande der Repräsentanz. Dort sind sie freier in ihren liturgischen Gehversuchen als höhere repräsentative Ebenen ihrer jeweiligen Religionen. Außerdem kommt ihrem liturgischen Handeln zugute, dass sich ihre Zusammenarbeit über Jahre etabliert hat und Vertrauen untereinander wachsen konnte. Die Akteure teilen große Bereiche ihres beruflichen Alltags (etwa die inhaltlichen, baulichen und finanziellen Planungen des gemeinsamen Hauses, die Vertiefung der Grundidee und ihre Verbreitung). Aus diesem Grunde wird ihnen auch ein gut abgestimmtes, vertrauensvolles und sicheres gemeinsames Auftreten und Beten zugetraut. Anfragende gehen davon, dass die *House of One*-Akteure in ihren jeweiligen Glaubenstraditionen fest verwurzelt sind und zugleich in großer Offenheit über Religionsgrenzen hinweg zusammenarbeiten können. Diese kurze Beschreibung lässt ahnen, dass erste Schritte auf dem Weg zum gemeinsamen, zum multireligiösen Beten weit vor dem eigentlichen Gebet beginnen.

Am Anfang des Weges zum gemeinsamen Beten steht das gegenseitige Kennenlernen, das Entwickeln von Verständnis und das Aufbauen von Vertrauen. Das braucht Zeit – Zeit für Besuche anderer Religionsvertreterinnen in der Nachbarschaft, für regelmäßige Treffen und ruhigen Austausch. Vertrauen muss wachsen. Das verhindert in der Folge Missverständnisse und falsches Pathos. All das beginnt im Idealfall lange vor einem konkreten Anlass für ein gemeinsames Gebet, sei er positiv besetzt, wie eine Einweihung oder eine Schulfeier, oder sei er belastend, wie ein Anschlag oder eine Naturkatastrophe. So oder so sind Respekt und Demut vor dem anderen und Geduld im Miteinander von Nöten. Denn es ist für viele ungewohnt, ihre Glaubenstradition neben einer anderen Tradition ins Licht der Öffentlichkeit zu stellen, das Eigene vor und mit dem Fremden zu leben.

Ist die grundsätzliche Entscheidung von Vertreterinnen unterschiedlicher Religionen gefallen, rituell zusammenarbeiten und miteinander ein Gebet gestalten und feiern zu wollen, dann beginnt ein Planungsprozess, der Rücksicht und Umsicht fordert.

Bewährte Grundsätze der multireligiösen Zusammenarbeit

Im *House of One*-Projekt nehmen die Akteure die Unterschiede zwischen ihren Glaubenspraktiken wahr und ernst. Sie versuchen, sie zu verstehen. Darüber hinaus ist es wichtig, dass auch unverstandene Elemente des anderen Glaubens zugelassen und ausgehalten werden können. Jahrtausende alte, gewachsene Traditionen lassen sich in ihrer Komplexität nur bedingt vereinfachen. Sie können aber in der Regel gut nebeneinanderstehen. Die Arbeit im *House of One*-Projekt zielt daher nicht auf das Finden des kleinsten gemeinsamen Nenners, sondern auf das gedeihliche Zusammenleben in der Fülle. Es geht um den Reichtum, den die Unterschiedlichkeit mit sich bringt, und darum, die unglaublichen kulturellen und spirituellen Ressourcen der verschiedenen Religionen zu bewahren, zu leben und zu teilen. Denn sie können füreinander neue Ausdrucksformen in der Glaubenspraxis und somit unerwartete Zugänge zu Gott eröffnen.

Grundformen des liturgischen Miteinanders

Es gibt keine formlosen Gebete oder Gottesdienste. Daher ist es sinnvoll bestimmte Aspekte im Vorfeld des öffentlichen Miteinanderbetens zu bedenken und dabei stets zwischen dem achtsamen Umgang mit der eigenen Tradition und den Möglichkeiten einer respektvollen Offenheit gegenüber anderen Religionen abzuwägen. Jede Form birgt dabei Chancen und hat Grenzen.

Zwei Grundformen haben sich im liturgischen Miteinander im *House of One*-Projekt bewährt:

1. **Das multireligiöse Gebet.**
   Vertreter unterschiedlicher Religionen beten Seite an Seite, aber deutlich voneinander abgesetzt, nacheinander in ihren Traditionen. Das gibt den Gemeindegliedern, die einer bestimmten Tradition folgen, die Sicherheit, dass die beteiligten Religionen je für sich stehen und nicht unzulässig vermischt werden.

2. **Gottesdienste in liturgischer Gastfreundschaft.**
   Die gastgebende Religion feiert einen Gottesdienst oder ein Gebet in ihrer Tradition. Sie nimmt aber Rücksicht auf die Gäste. Abstriche an der Liturgie sind nicht nötig. Christus, Gottes Sohn, Kreuz, Trinität und Abendmahl sollen im christlichen Gottesdienst ihren Platz behalten. Die anderen Religionsvertreter sind zu Gast und bringen als Gastgeschenke Grüße, Gebete, Texte ihrer Religionen oder auch eine Predigt zu einem bestimmten Thema mit in den Gottesdienst. Das Verhältnis von Gast und Gastgeber und Fragen zum Handeln im Gottesdienst werden im Vorfeld mit den Gästen besprochen.

Die Gründergemeinden des *House of One* besuchen seit vielen Jahren gegenseitig ihre liturgischen Feiern. Begonnen wurde mit dem Besuch in kleineren Gottesdiensten zu »Nebenfesten«, wie dem Michaelis- oder dem Johannestag oder dem Israelsonntag, einer Einladung zum Ramadangebet und zum Laubhüttenfest. Inzwischen wird auch zu Gottesdiensten der Hochfeste eingeladen – zum Geburtstag des Propheten, zum Pfingstfest und zur Christvesper.

Neben diesen beiden Grundformen werden auch Gebete vollzogen, in denen die einzelnen Elemente der Liturgie stärker miteinander verschachtelt sind (z.B.: gemeinsame Begrüßung, anschließend Gebet im Wechsel und gemeinsamer Segen). Diese Gebetsform spricht besonders Menschen an, die den Religionen ferner stehen. Sie scheint eine Sehnsucht nach einem friedlichen Miteinander von Menschen unterschiedlicher Religion und Herkunft treffend abzubilden. Zugleich empfinden Fernerstehende weniger Sorge vor Vermischungen. Letztlich handelt es sich hierbei um eine Unterform des multireligiösen Gebetes. Doch eine in der das gemeinsam Mögliche deutlicher zutage tritt als die Unterschiede.

Ganz unabhängig von der Wahl der Grundform, sind im liturgischen Miteinander Aspekte des Ortes, der Struktur, der Gebetshaltung und Ausrichtung und der Musik im Vorfeld zu bedenken.

Der Ort

Es gibt keine neutralen Orte. Jeder Ort trägt sich in die Liturgie mit ein. Es hat Auswirkungen auf das liturgische Geschehen, wenn an einem christlich geprägten Ort, in einem christlichen Raum (Kirche, Gemeindesaal, Friedhof) gebetet wird. Das gilt natürlich auch, wenn in einem islamisch oder jüdisch durchbeteten Raum gefeiert werden soll. Denkbar sind zudem Gebete an einem öffentlichen Ort, auf einem Platz oder in einem Park oder im Gebäude einer weltlichen Institution (Rathaus, Theater, Schule, Krankenhaus). Auch in diesen Fällen prägen die Räume der gastgebenden Institutionen das Gebet mit. So schlugen sich bei der Eröffnung eines Raumes der Stille in der Charité, eines Pavillons auf der Internationalen Gartenausstellung, eines Dankdenkmals für Organspenderinnen oder eines Psychiatriekongresses, auch die örtlichen Gegebenheiten und die Wünsche der einladenden Institutionen in der Liturgie nieder. Der liturgischen Handlung voran gingen daher häufig Aushandlungsprozesse, die für alle Seiten aufwendiger aber bereichernd waren.

Im Falle eines Gebetes im Raum einer bestimmten Religion ergeben sich die Rollen von Gastgeber und Gästen von selbst. Es ist dann eine Gruppe vorhanden, die sich heimisch fühlt, sicher ist und sich auskennt, und eine andere, die unsicher ist und sich fremd fühlt. Um diesem Umstand Rechnung zu tragen bieten sich bei Gebeten in religiös geprägten Räumen vor allem Formate in liturgischer Gastfreundschaft an. Die Religion, die ihren Raum stellt, ist Gastgeberin. Sie lädt die anderen Religionen ein in ihre Tradition.

Liturgische Gastfreundschaft bedeutet, in beide Richtungen hin großzügig zu sein – im Aussprechen von Einladungen und im Annehmen von Einladungen. In der Regel darf vertraut werden, dass Gastgeberinnen gut für ihre Gäste sorgen, ihnen im wahrsten Sinn des Wortes »gute Plätze« anbieten und eine Kultur der Achtsamkeit üben. Der Gaststatus wird im Gottesdienst benannt. Das bewahrt die Gäste vor Vereinnahmung und die Gastgeber vor Verstellung. Es wird gemeinsam gefeiert, aber gerade durch die unterscheidbaren Rollen und die Formen von Beteiligung oder Nichtbeteiligung an verschiedenen Elementen des Gottesdienstes (etwa gemeinsames Gebet, aber Abendmahl nur unter Christen) sind und bleiben Gast und Gastgeberin deutlich unterschieden. Gäste und Gastgeberin erleben eine gemeinsame Zeit, aber bleiben in ihrer religiösen Besonderheit respektvoll unterschieden. Gastfreundschaft ist eine große Geste in Thora, Neuem Testament und Koran. »Die Fremden« stellten sich oft als die heraus, die neuen Segen brachten. Im Hebräerbrief z. B. werden die Leser aufgefordert: »Vergesst die Gastfreundschaft nicht; denn durch sie haben einige, ohne es zu wissen, Engel beherbergt.« (Hebräerbrief 13,2).

Die Grundstruktur

Einzug, Begrüßung, Gebet, Segen, Auszug - diese grundlegende Abfolge in Gottesdiensten und Andachten, die Christinnen selbstverständlich erscheint und weltweit und in vielen Kontexten verbreitet ist, kommt in dieser Weise im islamischen Ritus bzw. Gebet nicht vor. Einzug und Auszug von Geistlichen sind nicht Teil der islamischen Liturgie. Nach dem Ruf des Muezzins erklingt in der Moschee zuerst die *al- Fathia* (1. Sure des Korans). Sie bildet auch den Schluss der meisten Gebete. Es erfolgt kein Segen am Ende. Das gilt es in der liturgischen Zusammenarbeit mit Muslimen zu beachten.

Aufstellung und Reihenfolg

Es ist nicht egal, wer, wann, wo steht und spricht. Die Reihenfolge der Auftritte will gut überlegt und ebenso wie die Kleiderordnung vorher abgesprochen sein.

Im Falle der liturgischen Gastfreundschaft ist das einfach. Es beginnt und begrüßt der Gastgeber. Er führt durch den weiteren Gottesdienst. Die Gäste können in liturgischer oder in anderer Kleidung teilnehmen.

Bei einem multireligiösen Gebet an einem außerreligiösen Ort hängt die Reihenfolge der Auftritte vom Anlass und von der Situation ab. Wenn z. B. bei einem Unglück überwiegend Muslime betroffen sind, ist es sinnvoll, wenn ein Imam das Gebet eröffnet. Wichtig ist in jedem Falle eine angemessene liturgische Kleidung aller Mitwirkenden, ihre Platzierung auf Augenhöhe und ein für alle Beteiligten schlüssiger Ablauf. Handlungen, die wie eine Hierarchisierung zwischen den Religionen wirken, sind zu vermeiden.

Gebetshaltung und Ausrichtung

Muslime beten in der Regel im Sitzen, auf dem Boden kniend oder auf einem Stuhl. Stehen ist unüblich. Sie beten Richtung Mekka (in Deutschland ist das Richtung Südosten). Jüdisches Beten ist im Sitzen und Stehen verbreitet und mit viel Bewegung verbunden. Evangelische Christen stehen häufig zum Beten auf, katholische Christen knien und stehen. Es ist aufgrund dieser Unterschiede sinnvoll, vorher über die Gebetshaltung zu sprechen.

Gebetsformen

Gebete unterscheiden sich grundsätzlich vom Dialog. Sie sind Unterbrechungen des Gespräches zwischen Menschen und eröffnen einen »Dialog« mit Gott. Im Gebet wird zu Gott gesprochen und nicht über ihn. Juden, Christen und Muslime kennen in Ihren Religionen rituelle Gebete und freie Gebetsformen.

Rituelle Gebete sind in Judentum und Islam verbreiteter als unter evangelischen Christen. Rituelle Gebete enthalten oft die Kernelemente einer religiösen Überzeugung oder besitzen Bekenntnischarakter und sind daher im interreligiösen Kontext für die anderen erklärungsbedürftig und selten zum Mitbeten geeignet. Es ist möglich respektvoll zu zuhören.

Freie Formen ermöglichen es, gemeinsam Fürbitte zu halten, Klagen vor Gott zu bringen, dazu Lob Gottes und Dank. In der Praxis des *House of One* hat sich auch für die Anwendung freier liturgischer Formen bewährt, dass die Religionsvertreterinnen nacheinander und erkennbar abgesetzt voneinander beten. Es ist zu beachten, dass sich auch in freien Gebeten Ausdrucksformen und Inhalte zwischen den Religionen erheblich unterscheiden können.

Zusammensein im Schweigen stellt eine Sonderform des gemeinsamen Gebetes dar. Es ist wie ein unbestimmter, deutungsoffener Raum in der Zeit, wie der vierte, mittlere Raum im *House of One*, ein Raum ohne traditionelle Vorgaben und religiöse Prägungen, der der Begegnung von Seele und Geist Gottes in Freiheit und Unfassbarkeit zur Verfügung steht.

Musik und Gesang

Der Umgang mit Musik im Rahmen liturgischer Formen unterscheidet sich in den verschiedenen Religionen und Kulturen erheblich.

In den traditionellen islamischen Gebeten spielt Musik faktisch keine Rolle. Es wird nicht gesungen, weder von Einzelnen noch gemeinsam. Manche Koranrezitation, manche Gebetszeile klingen wie Gesang. Sie werden aber nicht so verstanden und genannt. Instrumente sind nicht vorgesehen. In einigen Richtungen des Islam sind Musikinstrumente sogar verboten.

Im jüdischen, orthodox wie liberal geprägten Gottesdienst

wird viel gesungen, gemeinsam und von Einzelnen, etwa den Kantoren. Musikinstrumente sind möglich, aber nicht verbreitet.

Im christlichen, insbesondere im protestantischen Gottesdienst gilt Musik als elementarer Teil der Verkündigung. Zahlreiche protestantische Lieder besitzen einen ausgesprochenen Bekenntnischarakter und wollen evangelische Dogmen und Theologie vermitteln. Die Gemeinde singt und ebenso die Liturgen. Orgel und Chor sind feste Bestandteile traditioneller Liturgien. Orchester und andere Instrumente können ebenfalls liturgisch eingebunden sein.

Wie lässt sich bei all dieser Unterschiedlichkeit zwischen den Religionen Musik im multireligiösen Gebet einsetzen? Und welche Bedeutung hat Musik darüber hinaus für religiös ungebundene Menschen, die in Berlin häufiger Gäste gerade von multireligiösen Gebeten sind? Es sollte auch bedacht werden, dass sich die Wahrnehmung und Nutzung von Musik außerhalb der Religionen sehr gewandelt hat. Für immer mehr Menschen eröffnet und schafft Musik einen Emotionsraum, Raum für Gefühle jeder Art. Sie gehört zum Alltag.

Es kann bei gemeinsamen Gebeten durchaus gemeinsam gesungen werden. Aber das verlangt viel Übung. Inhaltlich sind Texte denkbar, die Gottes Einzigkeit nicht widersprechen. Außerdem bietet sich auch an, weltliche bzw. klassische Musik, die sich außerhalb der Religionen etabliert hat, in multireligiöse Gebete einzubeziehen, ebenso Instrumentalmusik verschiedener Kulturen und Regionen. Bleibend zu beachten ist, dass für Muslime, Gesang und Musik schnell unislamisch und fremd wirken. Daher ist der Einsatz von Musik im multireligiösen Kontext grundsätzlich sensibel zu handhaben. Und doch ist Musik mehr als eine rituelle Fuge zwischen unterschiedlich religiös gestalteten Abschnitten einer Liturgie. Sie kann auch in multireligiösen Gebeten Emotionen Raum geben.

In den Friedensgebeten des *House of One* wird z. B. regelmäßig: »We shall over come« gesungen. Das gemeinsame Singen, das Zusammenklingen der Stimmen, lässt eine innere Verbundenheit spürbar werden.

Üben

Am Ende nach allen Absprachen müssen die Gebete ans Licht, die Überlegungen aus dem Kopf in den Körper. Es gilt gemeinsam zu üben und die anderen und sich im Miteinander zu erleben. Im Zentrum des *House of One*-Projektes steht die gelebte Glaubenspraxis in zweierlei Ausprägung: als diejenige, die drei Gemeinden mitbringen, und diejenige, die sich im Miteinander entwickelt, behutsam, voll Gottvertrauen. Nichts ist in Stein gemeißelt, alles geschieht auf Zeit. Das Gute kann behalten, das Misslungene sein gelassen werden. Viel wird zu probieren und zu wagen sein, wenn Menschen unterschiedlicher Religionen miteinander beten und einladende liturgische Formen leben wollen.

Was für das Zugehen auf gemeinsames Beten gilt, das ist auch im Nachgang des Betens von Bedeutung: miteinander reden, gemeinsam auswerten, reflektieren und weiterdenken.

Fazit / Schlussüberlegungen

In allen Formen des multireligiösen Betens zeigt sich, dass trotz der religiösen Trennung der Mitwirkenden, gemeinsames Beten als Gemeinschaftserfahrung über Religionsgrenzen hinweg, als eine Gemeinschaft von Unterschiedlichen, erlebt werden kann. Das Ereignis wird als entgrenzend und gemeinschaftsstiftend wahrgenommen, da die Grenzen der Religionen zwar kenntlich sind, aber nicht dem Ausschluss der anderen dienen, sondern als Möglichkeiten des Sich-Miteinander-in-Beziehung-Setzens gelebt werden.

Dieser Erfahrung voraus liegt das notwendig einzuübende Zusammenspiel von Identität und Offenheit. Das meint: Das Leben und Durchdenken der eigenen Glaubenstradition ist verbunden mit einer einladenden, neugierigen Offenheit gegenüber denjenigen, die anderes glauben. Auf diese Weise entsteht die Möglichkeit theologische Fragestellungen, biblische oder korangeprägte Begriffe und nicht zuletzt liturgische Formen religionsoffen neu zu interpretieren, sie also unter Hinzunahme anderer Religionen und Kulturen, ihrer spirituellen, theologischen und liturgischen Ressourcen neu zu verstehen.

So kann aus dem Zusammenspiel der Religionen, von Vertrautem und Fremdem, von Nähe und Distanz eine transzendierende Kraft erwachsen, ein Geist, der religiöse und nichtreligiöse Menschen über sich selbst hinausführt, neue liturgische Formen entstehen lässt und so neue Spielräume der Gottesbegegnung eröffnet. *Komm, Gott, Schöpfergeist!*

1. Einleitung zur gemeinsamen religiösen Feier anlässlich der Hochzeit eines Muslims und einer Christin

Die Ehe zwischen einer Christin und einem Muslim verbindet nicht nur zwei einander liebende Menschen und deren Familien über Kulturgrenzen hinweg, sondern auch zwei Religionen in ihrem unterschiedlichen Eheverständnis. Hier wird die Begegnung zwischen verschiedenen religiösen Welt- und Menschenbildern im Zusammenspiel von Wertschätzung, Offenheit, Befremdung, kritischer Distanz und Identitätsbewusstsein in einem lebendigen Sinn konkret. Es ist wichtig, die damit verbundenen und teils tiefgreifenden theologischen und kulturellen Fragen in einem oder besser mehreren Gesprächen mit dem Paar offen zu benennen. So kann der Grund gelegt werden für eine Beziehung, die auch ein religiöses Miteinander beinhaltet und nicht ausschließt. Denn die Liebe vermag beständige Brücken zu bauen, kann aber auch blind machen für entstehende Konflikte.

Einige wichtige Punkte seien benannt, die es zu beachten gilt:

1. Rechtliche Bestimmungen können bei einer interreligiösen Ehe eine unerwartete Rolle spielen. Voraussetzung für eine kirchliche Handlung ist die standesamtliche Trauung. Für Ehen, die in Deutschland geschlossen werden, gilt das deutsche Familienrecht. In binationalen Ehen kann eventuell ausländisches Recht von Bedeutung sein.

2. Das religiöse islamische Recht kennt einige Grundbestimmungen, denen der hier vorliegende Vorschlag für eine gemeinsame Feier Rechnung zu tragen versucht:

   - Jede Ehe setzt nach islamischem Recht die freie und öffentlich artikulierte Zustimmung der mündigen Brautleute voraus. Diese wird in der hier skizzierten Feier deshalb explizit formuliert.

   - Erlaubt ist aus Sicht der überwiegenden Mehrheit der islamischen Rechtsgelehrten die Ehe eines Muslims mit einer Christin, nicht aber der umgekehrte Fall. Grund dafür ist die Vorstellung, dass der Mann die Religionsausübung in der Familie bestimmt. Dies ist nach christlichem Verständnis eine unzulässige Einschränkung. Die Eheschließung einer Muslima mit einem Christen führt aber in vielen Fällen zu Verwerfungen und oft auch zum Bruch mit der Herkunftsfamilie.

   - Kinder eines Muslims gelten automatisch als Muslime. Aus christlicher Sicht ist auch das nicht berechtigt. Hier lauern mögliche Konflikte, auch im großfamiliären Kontext, die auf jeden Fall offen besprochen werden müssen.

   - Der Islam erlaubt Männern zumindest theoretisch die Mehrehe. Vielfach wird diese jedoch abgelehnt oder nicht praktiziert. Nach deutschem Recht ist sie unzulässig.

3. Wenn es im Blick auf die Religionszugehörigkeit der Kinder möglich ist, eine gemeinsame Vereinbarung zu finden, sei sie

auch schmerzlich für einen Ehepartner, so ist dies für die heranwachsenden Kinder die beste Lösung. Schwierig wird es, wenn die Kinder später nicht wissen, wohin sie religiös gehören, und die Eltern nicht offen darüber reden können. Dann besteht die Gefahr, dass Kinder jegliche Beziehung zu Glaubenstraditionen verlieren. Möglich, aber nicht einfach ist es, die Kinder an beide Religionen gleichberechtigt heranzuführen und sie vorurteilsfrei auf eine eigene Entscheidung vorzubereiten, die sie dann als Heranwachsende und spätestens mit ihrer Religionsmündigkeit fällen. Hier ist kirchliche Begleitung unabdingbar (und gleiches gilt auch für die muslimische Seite). Klar aber benannt werden muss: Auch diese spätere freie Entscheidung des Jugendlichen wird möglicherweise mit der Enttäuschung eines Elternteiles verbunden sein und bedarf feinfühliger Begleitung und einer reifen Offenheit in der Beziehung.

4. So fremd es im Kontext einer Liebe erscheinen mag, die voll von Träumen eine gemeinsame Lebensform sucht, so sollten doch im Blick auf die Zukunft und den Lebensalltag des Paares auch die möglichen kulturellen Reibungsflächen einer christlich-muslimischen Ehe sachlich angesprochen werden. Diese können von divergierenden Rollenverständnissen von Mann und Frau, von Speisevorschriften und dem Fasten im Monat Ramadan bis zum Umgang mit Advents- und Weihnachtstraditionen oder der Gestaltung von Familienfesten reichen. Es ist wichtig, dass das Paar um die besonderen Herausforderungen an Gesprächsfähigkeit und Offenheit auch im Konfliktfall weiß und bewusste Umgangsformen auch im großfamiliären Kontext pflegt.

5. Das hier vorliegende Formular für eine gemeinsame Feier reagiert auf eine grundlegende rituelle Differenz. Eine Trauung ist nach christlichem Verständnis eine Segenshandlung. Zentrum der christlichen Feier ist die Verkündigung des Evangeliums hinein in die konkrete Lebenswirklichkeit eines Paares: Gott sagt ihnen seine unbedingte Nähe zu. Dies verdichtet sich zeichenhaft in der Segnung des Paares im Namen des trinitarischen Gottes. Möglich und sinnvoll ist das nur, wenn der muslimische Partner bzw. die muslimische Partnerin nichts dagegen haben und es unter den Voraussetzungen ihres religiösen Selbstverständnisses zumindest wohlwollend tolerieren können. Denn grundsätzlich kennt der Islam keinen Segen, der durch Menschen rituell vermittelt wird, sondern lediglich das Gebet füreinander. Darüber sollten sich Pfarrerin bzw. Pfarrer und Imam mit dem Paar vorab verständigen und das christliche Segensverständnis offenlegen. Gegenseitige Achtung und Wertschätzung bei größtmöglicher Klarheit über Differenzen sind auch hier eine Voraussetzung für das eventuell gemeinsame Agieren eines Imams und einer Pfarrerin im Ritual; auch Grenzen der Zumutbarkeit müssen akzeptiert werden. Es ist fast immer besser, den rituellen Dissens genau zu fassen, als ihn unter der Hand und unausgesprochen in unklare gottesdienstliche Handlungen zu überführen. Der hier vorliegende Entwurf einer gemeinsamen Feier orientiert sich an einem christlichen Gottesdienst zur Eheschließung, dies nun in besonderer Sensibilität für die muslimischen Mitfeiernden.

6. Für Muslime dominiert bei einer Hochzeit die zivilrechtliche Dimension. Der naheliegende Ort für eine Eheschließung ist für viele Muslime nicht die Moschee, geht es doch zuvorderst

um einen Rechtsakt, um einen Vertrag zwischen zwei Menschen, die sich lieben, und ihren Familien, nicht um einen öffentlichen Gottesdienst. Geregelt werden in der Eheschließung die Bedingungen der künftigen Lebensgemeinschaft des Paares, und dies wird gefeiert. Wesentlicher Bestandteil ist die Morgengabe, die allerdings in einer Gesellschaft, wo Unterhaltszahlungen und Notfallversorgung der Partner gesetzlich geregelt sind, an Bedeutung verliert. Meistens, aber nicht zwingend, ist bei einer Hochzeit ein Imam anwesend, der eine geistliche Dimension einträgt.

7. Wenn die Feier in einer Kirche stattfindet, beinhaltet das für Muslime bereits ein hohes Maß an Befremdung, der es durch achtsame liturgische Gastfreundschaft und eine gleichberechtigte Einbeziehung des Imams Rechnung zu tragen gilt. Fremdheitserfahrungen werden allerdings für das Paar und ihre Familien zum Alltag gehören, und sie werden immer wieder vor der Aufgabe stehen, diese zu lebensgestaltenden Kräften werden zu lassen. Der Wunsch nach »neutralen Orten« ist insofern illusionär, als Räume immer bereits nach einem religiösen oder auch säkularen Vorverständnis erfahren werden: Sie sind in christlichen und muslimischen Augen nicht dieselben. Auch in einem Vereinshaus oder in einem gemieteten Saal stünde die Frage nach dem kulturellen Wesen und dem religiösen Verständnis der Feier in diesem Raum, der seine eigene Bedeutung mitbringt und durch die Rituale dann spezifisch umgedeutet wird.

8. Die hier vorgeschlagenen Eheversprechen verzichten auf religiöse Bekenntnisse und ermöglichen so einen gemeinsamen

rituellen Grund. Auch dabei darf aber nicht vergessen werden, dass gemeinsame Formulierungen noch kein gemeinsames Verständnis garantieren und unterschiedliche Deutungshorizonte Raum für erhebliche Missverständnisse bieten können. Deshalb ist es wichtig, die Feier in allen Details und allen Formulierungen und Handlungen mit dem Paar genau zu besprechen.

9. Gemeinsame Feiern über Kultur- und Religionsgrenzen hinweg bergen immer die Gefahr der heimlichen Vereinnahmung oder der Schaffung von Grauzonen und religiösen Sonderwelten. Daher haben wir versucht, immer klar zu machen, wo es sich um christliche und wo es sich um muslimische Texte handelt, und dabei dann auch keine falschen Kompromisse in den Formulierungen zu machen. Deutlich wird markiert, wo Christen bzw. Muslime einstimmen und wo sie neugierig zuhören können.

10. Wichtig ist, dass alle von muslimischer Seite mitgebrachten Texte auch in zuverlässiger deutscher Übersetzung vorgetragen werden. Dass ist für Muslime nicht immer selbstverständlich. Anders als im westlichen und vor allem im nachreformatorischen Christentum haben Übersetzungen des Korans für Muslime meist nicht dieselbe Dignität wie der arabische Urtext. Die Sprache Muhammads selbst, die sprachliche Schönheit des Korans ist für Muslime ein Ausweis der Offenbarung. Dem Koran als Textkorpus selbst kommt Heiligkeit zu. Dies kann im Gegenüber zu christlichen Milieus, welche die Bibel vor allem unter dem Aspekt der Kommunikation von Botschaften verstehen, zu Irritationen führen.

Liturgischer Entwurf:

Gemeinsame religiöse Feier anlässlich der Hochzeit eines Muslims und einer Christin

Eröffnung

Musik

[Das Brautpaar kann in die festliche Kirche einziehen, insofern diese als Ort der Feier gewählt wurde.]

Begrüßung

Liturg/Liturgin:

Im Namen des Vaters und des Sohnes und des
Heiligen Geistes,
des einen Gottes von Ewigkeit zu Ewigkeit. Amen

Imam:

Bismi 'llāhi 'r-raḥmāni 'r-raḥīmi.
Im Namen Gottes, des barmherzigen Erbarmers.

Liturg/Liturgin:

Liebes Brautpaar, liebe Hochzeitsgemeinde,
herzlich begrüße ich Sie alle zur Hochzeit von N.N. und N.N. [in dieser Kirche]. Es ist etwas Besonderes, wenn Christen und Muslime ein solches Fest gemeinsam feiern können.

Der Imam N.N. und ich, N.N., werden zu dieser Feier gemeinsam beten, Texte aus Bibel und Koran lesen und Gott um seinen Segen für das Paar bitten.

Imam:

Liebes Brautpaar, liebe Hochzeitsgesellschaft,
mit der standesamtlichen Eheschließung habt ihr, N.N. und N.N., die Voraussetzung eines islamischen Ehevertrages erfüllt: Vor Zeugen, öffentlich und aus freiem Willen habt ihr euch zu einer lebenslangen Ehe entschieden. Nun wollen wir vor Gott und miteinander eure Hochzeit feiern.
Eine Zeremonie, die Menschen mit christlichem und muslimischem Glauben zusammen feiern, ist anders als eine, bei der nur eine Religion beteiligt ist. Du, N.N., gehörst dem christlichen und du, N.N., dem islamischen Glauben an. Ihr beide bekennt euch zu eurem Glauben. Ihr achtet aber auch den jeweils anderen Weg zu Gott, haltet ihn für wertvoll und begegnet ihm mit Respekt. So kommen in dieser gemeinsamen Feier Texte und Traditionen zweier Religionen zusammen.

Liturg/Liturgin:

Auch Sie, liebe Hochzeitsgemeinde, gehören unterschiedlichen Religionsgemeinschaften an. Einige von Ihnen werden vermutlich Texte und Gebete der anderen Religion als fremd empfinden. Sie sollen nur dort einstimmen, wo es Ihnen und Ihrem Glauben entspricht. Deshalb sind christliche und islamische Gebete und Lesungen in dieser Feier deutlich voneinander unterschieden. Sie selbst entscheiden, wo sie mitbeten und in welche Gebete Sie während dieses Gottesdienstes einstimmen oder wo Sie einfach zuhören.

[Wir hoffen sehr, dass Sie, unsere muslimischen Gäste, sich in dieser Kirche wohlfühlen und in dieser Feier eine Gemeinschaft entsteht, die religiöse Grenzen durchlässig macht.]

Imam:

Liebe N.N. , lieber N.N., lasst uns gemeinsam eure Hochzeit feiern. Das Fest soll beginnen, das ihr mit so viel Liebe vorbereitet habt und auf das ihr euch schon so lange freut! Jetzt ist es da. Heute ist ein Tag der Freude und des Dankes!

Gebet

Liturg/Liturgin:

Lasst uns beten mit Worten des 36. Psalms aus der Bibel:
HERR, deine Güte reicht, so weit der Himmel ist,
und deine Wahrheit so weit die Wolken gehen.
Deine Gerechtigkeit steht wie die Berge Gottes /
und dein Recht wie die große Tiefe.
HERR, du hilfst Menschen und Tieren.
Wie köstlich ist deine Güte, Gott
dass Menschenkinder unter dem Schatten deiner Flügel Zuflucht haben!
Sie werden satt von den reichen Gütern deines Hauses,
und du tränkst sie mit Wonne wie mit einem Strom.
Denn bei dir ist die Quelle des Lebens,
und in deinem Lichte sehen wir das Licht.
Ehre sei dem Vater und dem Sohn und dem Heiligen Geist,
dem einen Gott von Ewigkeit zu Ewigkeit.
Amen.

Oder ein anderer Psalm.

Imam:

Im Namen Gottes, des barmherzigen Erbarmers.
Lobpreis sei Gott, dem Herrn der Weltbewohner,
dem barmherzigen Erbarmer,
dem Herrscher am Tag des Gerichts!
Dir dienen wir, dich rufen wir um Hilfe an.
Leite uns den rechten Weg,
den Weg derer, denen du gnädig bist,
nicht derer, denen gezürnt wird,
noch derer, welche irregehn!

Al-Fatiha, Sure 1

Oder ein anderer Text.

Liturg/Liturgin:

Lasst uns mit christlichen Worten Gott loben und beten:
Ewiger Gott,
wir danken dir, dass du N.N. und N.N. geschaffen hast!
Sie kommen zu dir, um sich dir anzuvertrauen.
Vor deinem Angesicht wollen sie sich zueinander bekennen.
Erfülle sie mit deiner Liebe.
Wir danken dir, Gott, dass du größer bist als unsere Gedanken!
Zeige dem Brautpaar täglich neu,
wie Unterschiede und Vielfalt ihr Leben bereichern können
und wie die Liebe auch über Trennendes trägt.
Du bist ein Gott der Liebe und des Friedens.
Lass N.N. und N.N. deine alles versöhnende Liebe

erfahren und mit anderen teilen!
Das bitten wir dich
im Namen Deines Sohnes Jesus Christus.
Amen.

Oder ein anderes Eröffnungsgebet.

Imam:

Im Namen Gottes, des barmherzigen Erbarmers.
O Herr, lass diese Zusammenkunft dein Wohlwollen erlangen
und schenke der Ehe von N.N. und N.N. deine Gunst.
O Herr, mögen deine geheiligten Namen
in ihrem gemeinsamen Leben Erfüllung finden.
Das Band der Liebe zwischen ihnen möge in die Ewigkeit
hinüberreichen.
Schenke ihnen Standhaftigkeit und Kraft auch in schwierigen
Zeiten.
Schütze sie vor Hass und Zwietracht.
O du Wohlwollendster aller Liebenden und Geliebten,
lass ihre Liebe jeden Tag neu erblühen
und schenke ihnen ein langes, gesundes, glückliches und
gesegnetes Leben.
O Allah, du bist der Friede und von dir kommt der Friede.
So schenke uns allen deinen Frieden.
Amin.

Oder ein anderes Eröffnungsgebet.

Musik / Lied

Verkündigung und Segnung

Predigt

Der Liturg/die Liturgin und der Imam predigen im Dialog, im Wechsel oder nacheinander. Grundlage der christlichen Predigt ist eine biblische Lesung oder der Trauspruch.

Musik / Lied

Schriftworte

Imam:
Wir hören auf Worte Gottes aus dem Koran:

Bismi ʾllāhi ʾr-raḥmāni ʾr-raḥīmi.
Im Namen Gottes, des barmherzigen Erbarmers.

وَمِنْ آيَاتِهِ أَنْ خَلَقَ لَكُم مِّنْ أَنفُسِكُمْ أَزْوَاجًا لِّتَسْكُنُوا إِلَيْهَا وَجَعَلَ بَيْنَكُم مَّوَدَّةً وَرَحْمَةً
إِنَّ فِي ذَٰلِكَ لَآيَاتٍ لِّقَوْمٍ يَتَفَكَّرُونَ

Und zu seinen Zeichen gehört, dass er euch Gattinnen aus euch selber schuf, damit ihr bei ihnen Ruhe findet.

Und er stiftete unter euch Liebe und Barmherzigkeit. Siehe, darin liegen wahrlich Zeichen für Menschen, die nachdenklich sind.

Sure 30,21

Gott hat den Menschen als Mann und Frau geschaffen.
Liebe und Barmherzigkeit zwischen den Geschlechtern gründen in ihm. Wenn sie sich in der Ehe lieben, achten und füreinander da sind, folgen sie seinem Willen.
Möge Gotte eure Liebe stets lebendig halten.

Oder ein anderer Koranabschnitt mit wenigen Sätzen einer Deutung.

Liturg/Liturgin:

Hört Gottes Wort aus der Bibel über den Grund aller menschlichen Liebe und über die Gemeinschaft in der Ehe.
So steht im ersten Buch Mose:

Gott der HERR sprach: Es ist nicht gut, dass der Mensch allein sei; ich will ihm eine Hilfe schaffen, die ihm entspricht.

Genesis 2,18

[Gott schuf den Menschen zu seinem Bilde, zum Bilde Gottes schuf er ihn; und schuf sie als Mann und Frau. Und Gott segnete sie und sprach zu ihnen: Seid fruchtbar und mehret euch und füllet die Erde und machet sie euch untertan. Und Gott sah an alles, was er gemacht hatte, und siehe, es war sehr gut.

Genesis 1,27–28a.31a]

Über die Gemeinschaft in der Ehe sagt Jesus im Evangelium des Matthäus:

Gott schuf am Anfang den Menschen als Mann und Frau und sprach: »Darum wird ein Mann Vater und Mutter verlassen und an seiner Frau hängen, und die zwei werden ein Fleisch sein«. So sind sie nun nicht mehr zwei, sondern *ein* Fleisch. Was nun Gott zusammengefügt hat, das soll der Mensch nicht scheiden!

Matthäus 19,4–6

[Was im Brief an die Kolosser allen Christinnen und Christen gesagt ist, gilt auch für das Zusammenleben von Mann und Frau in der Ehe:

Zieht nun an als die Auserwählten Gottes, als die Heiligen und Geliebten, herzliches Erbarmen, Freundlichkeit, Demut, Sanftmut, Geduld; und ertrage einer den andern und vergebt euch untereinander, wenn jemand Klage hat gegen den andern; wie der Herr euch vergeben hat, so vergebt auch ihr! Über alles aber zieht an die Liebe, die da ist das Band der Vollkommenheit. Und der Friede Christi, zu dem ihr auch berufen seid in *einem* Leibe, regiere in euren Herzen; und seid dankbar.

Kolosser 3,12–15]

Trauversprechen

Das Brautpaar steht auf.

Liturg/Liturgin:

N.N. und N.N., ihr beide habt in diesen Worten aus der Bibel gehört, dass Gott eure Ehe schützen und segnen will.
Gott hat euch füreinander geschaffen und will euch einander anvertrauen. Gottes Segen gilt allen Menschen, die danach suchen. Er schenke euch Halt und Hilfe für euer gemeinsames Leben. Er stärke euren Willen, einander
zu achten und beieinander zu bleiben euer Leben lang.

Imam:

Lob sei Gott, dem Herren der Welten. Der Friede und Segen Gottes seien mit unserem Propheten, seiner Familie und all seinen Gefährten. Ich suche Schutz bei Gott vor dem Schlechten in uns selbst und unserem Unrecht.
Ich bezeuge, dass es keine Gottheit außer Gott gibt. Und ich bezeuge, dass Muhammad (Friede sei mit ihm) sein
Diener und Gesandter ist.

Ebû Davud, Nikâh, 33

Wir hörten die erhabenen Worte Gottes aus unserer heiligen Schrift, dem Koran, der uns eine Richtschnur im Leben ist.
Der Prophet Muhammad (Friede und Segen seien mit ihm), sagte:
»Die Trauung ist meine Sunna, mein Weg. Wer auf meinen Weg verzichtet, ist nicht von mir.«

Hadith, Ibn Máce, 1846

So gebt nun vor Gott und dieser Gemeinde euer Versprechen!

N.N.:

Im Namen Gottes, des barmherzigen Erbarmers.
Ich will vor Gott und vor euch als Zeugen mit dir, N.N., eine Lebensgemeinschaft eingehen, die auf unserer Liebe und dem Wohlwollen Gottes gründet. Ich will dir treu sein und mit dir eine dauerhafte Ehe führen mein Leben lang. N.N., ich will dich lieben, dich annehmen, so wie du bist und mit dir zusammen Freude und Hoffnung, aber auch schwierige und traurige Zeiten teilen. Dazu helfe mir Gott.

N.N.:

Ich will vor Gott und vor euch als Zeugen mit dir, N.N., eine Lebensgemeinschaft eingehen, die auf unserer Liebe und dem Wohlwollen Gottes gründet. Ich will dir treu sein und mit dir eine dauerhafte Ehe führen mein Leben lang. N.N., ich will dich lieben, dich annehmen, so wie du bist und mit dir zusammen Freude und Hoffnung, aber auch schwierige und traurige Zeiten teilen. Dazu helfe mir Gott.

Oder

N.N., ich will dein Mann sein.
Ich will mein Leben mit dir teilen –
im Geben und Empfangen,
im Halten und Lassen,
im Streiten und Versöhnen.
Ich will zu dir stehen

in guten und in schweren Zeiten.
Dazu helfe mir Gott.

N.N., ich will deine Frau sein.
Ich will mein Leben mit dir teilen:
im Geben und Empfangen,
im Halten und Lassen,
im Streiten und Versöhnen.
Ich will zu dir stehen
in guten und in schweren Zeiten.
Dazu helfe mir Gott.

Hier kann auch ein Trauversprechen stehen, welches das Paar selbst formuliert und mit dem Pfarrer/der Pfarrerin und dem Imam besprochen hat.

Ringtausch und Segen des Paares

Liturg/Liturgin:

Gebt einander die Ringe als Zeichen eurer Liebe und Treue und sprecht dazu: Nimm diesen Ring als Zeichen meiner Liebe und Treue.

Trauzeugen können dem Paar die Ringe reichen.

N.N.:

Nimm diesen Ring als Zeichen meiner Liebe und Treue.

N.N.:

Nimm diesen Ring als Zeichen meiner Liebe und Treue.

[Liturg/Liturgin:

Reicht einander die Hand.

Der Liturg/die Liturgin kann segnend die rechte Hand auf die Hände des Paares legen.

Gott hat euch einander anvertraut. Er gebe euch Liebe und Kraft, in Frieden beieinander zu bleiben ein Leben lang.]

Imam:

O Gott, schenke dieser Ehe Glück und Segen. Lass Zuneigung, Liebe und Beständigkeit walten bei dem Paar.
Lass zwischen ihnen keine Abneigung, Zwietracht und Zerrissenheit entstehen.

O Allah, Allerbarmer, Herr der Welten,
lass diese Trauung vor dir gelten,
schenke diesem Paar ein segensreiches Leben
und stifte zwischen den beiden Liebe, Glück und Gesundheit,
so wie du sie zwischen Adam und Eva (Friede sei mit ihnen),
Muhammad (Friede und Segen seien mit ihm) und Chadidscha,
Ali und Fatima (Gott habe Wohlgefallen an ihnen),
Zacharias und Elisabeth
sowie Joachim und Hanna (Gott habe Wohlgefallen an ihnen)
gestiftet hast.
O Gott, du Großzügiger, Sanftmütiger und Liebevoller,
schenke ihnen Glück miteinander und umfassenden Lebensunterhalt,
Güte und Gnade, sowohl im Diesseits als auch im Jenseits!
Amin!

Liturg/Liturgin:

Wir Christen segnen andere und einander - und es ist doch immer Gott, der es tut. So segne ich euch:

[unter Auflegung der Hände]:
Gott segne euch.
Gott stärke eure Liebe und Treue.
Gott beschütze euch auf Euren gemeinsamen Wegen.
Gott schenke euch Geduld miteinander und Verständnis.
Er gebe euch seinen Frieden.
So segne euch der allmächtige und barmherzige Gott
heute, morgen und alle Tage, die kommen werden.
Amen.

Oder ein anderes Segensgebet

Musik

Fürbitten

Liturg/Liturgin:

Miteinander und füreinander beten wir zu dem Gott, der die Liebe ist. Lasst uns gemeinsam Fürbitte halten:

Ewiger Gott,
Quelle allen Lebens,
der du selbst die Liebe bist.
Wo immer Menschen sich in Liebe öffnen, bist du nah.
Wir danken dir,
dass du N.N. und N.N. einander geschenkt hast,

und bitten dich für alle, die ihnen verbunden sind,
für ihre beiden Familien,
dass sie einander mit Offenheit und Verständnis begegnen
und gemeinsam für die Eheleute da sind.

Imam:

Für alle, die verliebt sind, bitten wir,
dass ihre Liebe im Gleichklang wachsen kann.
Für alle Eheleute bitten wir,
dass sie sich immer wieder neu suchen, lieben, annehmen
und einander die Treue bewahren.

Liturg/Liturgin:

Für alle, die in ihrer Ehe gescheitert sind, bitten wir,
dass sie einander vergeben können
und Zuversicht gewinnen.
Für alle, die allein leben, bitten wir,
dass sie Menschen haben, die ihnen verbunden sind.

Imam:

Für alle, denen der heutige Tag kein Freudentag ist,
bitten wir,
für die Kranken und Hoffnungslosen,
für alle Flüchtlinge und alle,
die unter Gewalt, Krieg und Verfolgung leiden.
Für ein friedliches Miteinander der Religionen
bitten wir.

Liturg/Liturgin:

Gott, du bist die Liebe.
Dir vertrauen wir uns an.
In deinem Atem wächst das Leben
zur Fülle des ewigen Lebens.
In dir ist alle menschliche Liebe gesegnet.
Amen.

Oder ein anderes Fürbittengebet. Es können auch zwei getrennte Gebete von Imam und Pfarrer nebeneinandergestellt werden. Das Gebet kann auch von Familienmitgliedern und Freunden aus beiden Religionen gestaltet werden.

Liturg/Liturgin:

Lasst uns mit den Worten Jesu beten:

Gemeinde:

Vater unser im Himmel,
geheiligt werde dein Name.
Dein Reich komme.
Dein Wille geschehe, wie im Himmel, so auf Erden.
Unser tägliches Brot gib uns heute.
Und vergib uns unsere Schuld,
wie auch wir vergeben unseren Schuldigern.
Und führe uns nicht in Versuchung, sondern erlöse uns
von dem Bösen.
Denn dein ist das Reich und die Kraft und die Herrlichkeit
in Ewigkeit.
Amen.

[Danksagung

Hier können der Dank an die Mitwirkenden der Feier, gegebenenfalls an die gastgebende Kirchgemeinde sowie Wünsche für das gemeinsame Fest ausgesprochen werden.]

Musik / Lied

Sendung / Segnung

Segen

Imam:

Wir Muslime schließen diese Zusammenkunft mit folgendem Gebet:

Dein Herr, der Herr der Stärke, sei gepriesen ob dessen, was sie da behaupten! Friede sei über den Abgesandten, und Lobpreis sei Gott, dem Herrn der Weltbewohner.

Sure 37,180–182

Liturg / Liturgin:

Wir wollen uns nach christlicher Weise unter den Segen Gottes stellen.

Der HERR segne dich und behüte dich.
Der HERR lasse leuchten sein Angesicht über dir und
sei dir gnädig.

Der HERR erhebe sein Angesicht auf dich
und schenke dir (+) Frieden.

[Unter Musik und Glockengeläut können das Paar und die Feiernden aus der Kirche ausziehen.]

2. Einleitung zur Segnung eines neugeborenen Kindes

Wenn Eltern, die verschiedenen Religionen angehören, noch unsicher sind oder sich dazu entschieden haben, den nicht einfachen Weg zu gehen und die Religionszugehörigkeit ihrer gemeinsamen Kinder zunächst offen zu lassen und ihnen einen gleichberechtigten Zugang zu beiden Glaubenstraditionen zu ermöglichen, besteht dennoch oft der Wunsch nach einem Ritual der Dankbarkeit bzw. der Segnung für das Neugeborene. Wir betreten damit ein unsicheres Terrain – das gilt für Christen, Muslime und Juden, aber auch für die meisten anderen Religionen. Ein modernes Autonomiebewusstsein in weltanschaulichen Fragen, das in westlichen Gesellschaften vielerorts kulturell prägend ist und vom Ideal der Freiheit zur umfassenden geistigen und biographischen Selbstbestimmung ausgeht, kollidiert mit traditionellen Vorstellungen der Einbettung des Menschen in Zusammenhänge, über die er nicht selbst bestimmt. Der Anfang einer Glaubensbiographie liegt im Verständnis der meisten Religionen nicht zuerst in der Hand des Menschen.

Deshalb wird das eigentlich schöne, von religiöser Offenheit und Suche der Eltern zeugende und persönlich meist sehr nachvollziehbare Bedürfnis nach der »Segnung eines neugeborenen Kindes« in christlichen Kirchen auch mit Skepsis gesehen: Ein solches Ritual tritt in Konkurrenz zur Kindertaufe. In der Tat enthält der Wunsch, das Kind später selbst entscheiden zu lassen, welcher Religion es angehören will, für Christen eine theologische Problematik, kann doch so der Glaube als rein subjektive und menschliche Entscheidung missverstanden werden. Glaube aber – und dies macht die in vielen christlichen Kirchen praktizierte Kindertaufe als Sakrament deutlich – hat seinen Ursprung in der grundlosen, liebenden Zuwendung Gottes im Heiligen Geist, die allem menschlichen Denken und Handeln vorausgeht. Dennoch kann ein solches Segensritual eine allererste und hilfreiche Brücke bilden, um religiöse Bindungen aufzubauen oder diese zumindest nicht ganz zu verlieren. Für die Eltern kann es Halt und Anregung zu Klärungen bieten in einer unsicheren Situation. Dass Gott das Neugeborene als sein Geschöpf liebt, kann denen, die sich über die Geburt freuen und das Kind begleiten wollen, ungebrochen zugesagt werden.

Die hier vorgeschlagene Segnungsfeier besteht in ihrer Struktur aus der beispielhaften Addition verschiedener Elemente, einer christlichen Segnung, verbunden mit einer Schriftlesung und einem Dankgebet für das Neugeborene, einer Koranlesung und einem muslimischen Gebet, einem jüdischen Segen – je nachdem aus welcher Religion die Eltern kommen. Es kann hier keine Überschneidungen und keine »dritten Wege« geben, sondern nur die klare Parallelität von Möglichkeiten, die dem Kind offenstehen.

Erinnert werden muss daran, dass für die allermeisten Muslime die konkrete Religionszugehörigkeit des Kindes keine Frage der freien Entscheidung ist. Die meisten Imame werden ein Kind, das einen muslimischen Vater hat, auch im Fall einer gemeinsamen Feier mit einer Pfarrerin, eigentlich als Muslim betrachten. Auch in der Großfamilie können entsprechende Erwartungen unausgesprochen fest bestehen.

Im Judentum ist in besonderem Sinne die Religionszugehörigkeit des Kindes bis zu seiner Mündigkeit allein abhängig von der Herkunft: Das Kind einer jüdischen Mutter ist Jüdin oder Jude. Somit hat dieses Ritual aus jüdischer Sicht nur eine sehr beschränkte Bedeutung. Wir haben ein Segensgebet aufgenommen, das zunächst explizit jüdischen Kindern gilt. Darüber hinaus kann es persönliche Situationen eines Paares geben, wo eine solche Segensformel angemessen und wichtig ist. Das werden der Rabbiner oder die Rabbinerin entscheiden.

Über die Chancen, aber auch die Gefahren, die eine religionsbiographische Offenheit birgt, haben wir in der »Einleitung zur gemeinsamen Feier anlässlich der Hochzeit eines Muslims und einer Christin« bereits Gedanken formuliert. Grundsätzlich ist es für ein Kind einfacher, frühzeitig in einer Religion aufzuwachsen und darin zu wurzeln. So gesehen betritt dieser Vorschlag einen Grat: Es kann nicht um Indifferenz oder Austauschbarkeit von religiösen Bekenntnissen gehen, sondern um eine erste Annäherung in seelsorgerlicher Verantwortung, die den Eltern ein rituelles Geländer gibt und dem Kind die Nähe Gottes zuspricht, die allen Menschen gilt. Unbedingt muss das Ritual durch Gespräche mit den Eltern begleitet werden, welche die künftige religiöse Erziehung des Kindes thematisieren.

Liturgischer Entwurf:

Segnung eines neugeborenen Kindes

Eröffnung

Begrüßung

Liturg/Liturgin:

Im Namen des Vaters und des Sohnes und des Heiligen Geistes.

[Imam:

Bismi 'llāhi 'r-raḥmāni 'r-raḥīmi.

Im Namen Gottes, des barmherzigen Erbarmers.]

[Der Rabbiner/die Rabbinerin begrüßt die Familie.]

Liturg/Liturgin:

Lieber N.N. und liebe N.N., Sie möchten heute Gott Dank sagen für Ihr neugeborenes Kind N. Sie beide leben als *Christin und Muslim/Jude und Christin/ etc.* zusammen. Sie folgen ihrem Glauben und respektieren und achten dabei den des anderen. Noch können und wollen Sie sich nicht entscheiden, in welcher Religion Ihr Kind aufwachsen soll – aber Sie wünschen sich heute schon den Segen des allmächtigen Gottes für N..

Imam / Rabbiner / Rabbinerin oder Vertreterin / Vertreter einer anderen Religion:

Kinder brauchen eine religiöse Identität. Das schließt die Offenheit und die Neugier für den anderen Glauben ein. Je früher eine Entscheidung fällt, umso tiefer kann Glaube wurzeln. Heute gehen Sie zusammen einen ersten Schritt.

Verkündigung

Lesungen

Liturg / Liturgin:

Jesus Christus, unser Heiland, ruft die Kinder zu sich. So steht im Markusevangelium im 10. Kapitel:

Sie brachten Kinder zu Jesus, damit er sie anrühre. Die Jünger aber fuhren sie an. Als es aber Jesus sah, wurde er unwillig und sprach zu ihnen: Lasst die Kinder zu mir kommen und wehret ihnen nicht, denn solchen gehört das Reich Gottes. Wahrlich, ich sage euch: Wer das Reich Gottes nicht empfängt wie ein Kind, der wird nicht hineinkommen. Und er herzte sie und legte die Hände auf sie und segnete sie.

Markus 10,13–16

[Falls einer der Eltern muslimisch ist:

Imam:

Wir hören auf Worte Gottes aus dem Koran:
Bismi 'llāhi 'r-raḥmāni 'r-raḥīmi.
Im Namen Gottes, des barmherzigen Erbarmers.

»Johannes! Nimm das Buch mit Kraft entgegen!« Wir verliehen ihm schon im Knabenalter Weisheit, Mitgefühl von uns und Lauterkeit – und er war gottesfürchtig.

Sure 19,12–13

Gott verleiht schon Kindern Segen – wie es hier von dem Propheten Johannes, Yahya (Friede sei mit ihnen), gesagt ist.

Oder ein anderer Koranvers.]

Eine Lesung aus der Thora oder ein anderer jüdischer Text kann folgen.

Ein Text aus einer anderen Religion, zu der sich das nichtchristliche Elternteil bekennt, kann gelesen werden, sofern das dort üblich ist.

Segnung

Segnung

Liturg/Liturgin:

Lasst uns beten:

Gott, du Quelle allen Lebens,
zusammen mit den Eltern danken wir dir für die Geburt ihres Kindes N.
Du hast *sie/ihn* wunderbar geschaffen
und *ihr/ihm* das Leben geschenkt.
Wir bitten dich:
Behüte dieses Kind auf allen seinen Wegen.
Lass es unter deiner Obhut und in deiner Liebe bleiben.
Stehe den Eltern und all denen bei,
die N. begleiten wollen.
Dir sei Ehre in Ewigkeit.

Gemeinde:

Amen.

Liturg/Liturgin legt dem Kind die Hände auf.

Liturg/Liturgin:

N., du bist geborgen in Gott.
Du bist von ihm geschaffen.
Du bist von ihm geliebt.
Du sollst leben unter seinem Segen.

Es segne und behüte dich der barmherzige Gott,
+ der Vater, der Sohn und der Heilige Geist.

Eltern und Gemeinde:

Amen.

Liturg/Liturgin:

Lasst uns mit den Worten Jesu beten:

Eltern und Gemeinde:

Vater unser im Himmel,
geheiligt werde dein Name.
Dein Reich komme.
Dein Wille geschehe, wie im Himmel, so auf Erden.
Unser tägliches Brot gib uns heute.
Und vergib uns unsere Schuld,
wie auch wir vergeben unseren Schuldigern.
Und führe uns nicht in Versuchung, sondern erlöse uns von dem Bösen.
Denn dein ist das Reich und die Kraft und die Herrlichkeit in Ewigkeit.
Amen.

[**Imam:**

Wir hören auf Worte Gottes aus dem Koran:

Und die, die sagen: »Unser Herr, verleih uns Freude an unseren Frauen und an unseren Kindern und mache uns zum Vorbild für die Gottesfürchtigen!«
Sure 19,12-13

Glückwunsch zu Ihrem Kind! Wir wünschen und bitten Gott, dass N. Freude bringt und zu einem gottesfürchtigen Menschen heranwächst. Möge Gott *sie/ihn* stets behüten. *Sie/er* sei stets von gutherzigen Menschen umgeben, die *sie/ihn* lieben. Gott mache N. zu einem rechtschaffenen und aufrichtigen Menschen. Gottes Güte und Gnade mögen *sie/ihn* stets begleiten, und Gott gewähre *ihr/ihm* ein segensreiches und glückliches Leben.]

[Rabbiner/Rabbinerin:

Der Engel, der mich vor allem Bösen bewahrte,
er segne die Kinder. Mein Name und der meiner Vorfahren
Abraham und Issak soll in ihnen weiterleben.
Sie sollen sich vermehren zu großer Menge inmitten des
Landes!

Zu einem Mädchen:

Dich mache Gott wie Sarah, Riwkah,
Rachel und Lea.

Zu einem Jungen:

Dich mache Gott wie Efraim
und wie Menasche.

Es segne dich der Ewige und behüte dich!
Es lasse der Ewige sein Antlitz leuchten über dir
und sei dir gnädig!
Es wende der Ewige sein Antlitz dir zu
Und gebe dir von seinem Frieden!]

Musik / Lied

[Imam:

Wir Muslime schließen diese Zusammenkunft mit folgendem Gebet:
Dein Herr, der Herr der Stärke, sei gepriesen ob dessen, was sie da behaupten! Friede sei über den Abgesandten, und Lobpreis sei Gott, dem Herrn der Weltbewohner.

Sure 37,180–182]

Liturg/Liturgin:

Wir wollen uns nach christlicher Weise unter den Segen Gottes stellen.

Der HERR segne dich und behüte dich.
Der HERR lasse leuchten sein Angesicht über dir und sei dir gnädig.
Der HERR erhebe sein Angesicht auf dich
und schenke dir (+) Frieden.

Der Rabbiner/die Rabbinerin kann auf Hebräisch den priesterlichen Segen oder ein Segensgebet sprechen.

3. Einleitung zu einer christlichen Beerdigung in liturgischer Gastfreundschaft

Religionen öffnen den Horizont des Menschen über die Zeit hinaus. Der Tod erscheint vom Glauben her in relativierter Gültigkeit. Er ist zugleich ein Dreh- und Angelpunkt fast aller religiösen Traditionen. Die Vorstellungen aber, was im Sterben und nach dem Tod passiert, sind vielgestaltig, wandelbar und kulturspezifisch. Was immer als »Jenseits« erscheint, ist von einem »Diesseits« her entworfen. Hier setzt die Kritik ein, die sich schon im Innern entwickelter Religionen artikuliert. Bestattungsriten sind veränderlich, regional gefärbt und von kulturellen Einflüssen und Hintergrundbildern geprägt. So lässt sich nicht von *dem* christlichen, jüdischen oder muslimischen Verständnis von Tod und Ewigkeit sprechen, schon gar nicht im Blick auf die sogenannte Volksfrömmigkeit. Die heutige weltanschauliche Pluralität in unserer Gesellschaft, grundiert von Subjektivismus, führt in ein besonders buntes Feld von Erwartungen und Wünschen und Vorstellungen rund um die Bestattung. Der Glaube an eine Auferstehung der Toten, an Gericht und ewiges Leben sind gleichwohl Grundelemente, die Islam, Judentum und Christentum in ihren verschiedenen Strömungen miteinander teilen.

Die Fälle, in denen Bestattungsfeiern den Kontext einer einzigen Religion verlassen, nehmen zu – sei es, dass Juden oder Muslime in christlichen Krankenhäusern oder Hospizen sterben und kaum mehr Kontakt zu Menschen ihrer eigenen Religion haben, sei es, dass intensive Beziehungen eines Sterbenden zu Menschen einer anderen Religion deren Beteiligung im Abschied zwingend machen, seien es Trauerfälle in gemischtreligiösen Familien.

Bestattungsrituale und Seelsorge an Sterbenden bzw. deren Angehörigen sind in den drei abrahamitischen Religionen verwandt. Aber es gibt auch gravierende Unterschiede, die zu beachten sind:

1. Im Judentum ist angesichts des Todes der Blick in besonderem Maße auf den Willen des allmächtigen Gottes gerichtet. Von ihm in seiner Unergründlichkeit und Liebe kommt aller Trost. Die Hoffnung auf die Auferstehung wird klar, aber in inhaltlicher Zurückhaltung formuliert. Die Waschung des Toten und dessen Einkleidung in ein weißes Leinenhemd gelten als Akte der Nächstenliebe und stellen eine religiöse Verpflichtung dar. Das Judentum erlaubt nur Erdbestattungen.

2. Im Islam und im Judentum wie auch in einigen christlichen Traditionen wird dem Prozess des Übergangs vom Leben in den Tod und in einen Zustand bei Gott eine hohe Bedeutung zugemessen, die eine fremdreligiöse Beteiligung so gut wie ausschließt. Hier geht es um letzte Entscheidungsfragen.

3. Die Bestattung wird im Islam – und vergleichbar auch im Judentum – weniger als eine individuelle Feier verstanden, vielmehr als eine Pflicht der Gemeinschaft gegenüber dem Toten. In Bestattungsritualen artikuliert sich immer auch eine religiöse Sozialgestalt. Deshalb sind die Grenzen der Mitwirkung Fremder eng gezogen. Die rituelle Waschung hat für Muslime dabei eine besondere Bedeutung, auch die (innerweltliche) Vergebung von Schuld. Das Tragen des Toten gilt als verdienst-

voll. Für Bestattungsstätten gelten zudem Voraussetzungen, die in Deutschland gewöhnlich nicht einfach zu erfüllen sind. So besteht etwa ein ewiges Ruherecht.

4. Während für Christen die Gemeinde der Angehörigen der wesentliche Horizont einer Bestattung ist, in der das Evangelium von der Auferstehung Jesu Christi von den Toten in eine Trauersituation hinein verkündigt wird, steht im Islam der Verstorbene im Vordergrund. So ist das Totengebet eine rituelle Pflicht, die primär dem Verstorbenen dient. Die Bestattung soll im Islam sehr rasch nach dem Tod stattfinden. Anders als im Christentum sind deshalb auch eine breite Feierlichkeit und ausführliches Totengedenken am offenen Grab nicht gewollt. Totengebet, Koranrezitation und dreimaliger Erdwurf markieren dennoch eine gewisse Ähnlichkeit zu christlichen Ritualen mit entsprechenden Anknüpfungspunkten.

5. Bei Bestattungsfeiern gibt es eine Fülle regionaler Traditionen, die in andere Situationen und Kontexte übertragen, ungewöhnlich wirken können. Theologinnen und Theologen sollten feinfühlig versuchen zu verstehen, was die eigene Logik fremder Rituale und Bräuche ist, um angemessen darin zu agieren oder auch bewusst anders zu sein.

Für Christen war seit der Urkirche die Beerdigung von Menschen, die nicht dem christlichen Glauben angehörten, ein Akt der tätigen Liebe. Damit verband sich schon immer die Aufgabe (die in Mitteleuropa heute auch bei fast jeder »rein christlichen« Beerdigung besteht), Gottes Gegenwart, die den Tod transzendiert, und die Auferstehung Jesu Christi in einer Weise auszusagen, dass sie über Grenzen unterschiedlicher Weltanschauungen und religiöser Vorstellungen hinausweisen, ohne dass dabei Unterschiede verwischt werden. Vordergründig geht es für Liturginnen und Liturgen darum, die Trauernden wahrzunehmen und sich einzufühlen, auch dort wo Fremdheit besteht. Es kann am Grab nicht um Mission gehen, aber auch nicht um die Nivellierung von Bekenntnissen, um im Augenblick zu trösten. Es geht darum, sich in Ritual und Verkündigung wirklich der Fremde auszusetzen – zumal der Tod selbst als letzte Fremde und Infragestellung aller Sicherheiten der Anlass ist.

Da Beerdigungen als Rituale an der Schwelle des Unverfügbaren agieren und auf gewisse Weise immer eine Lebenssumme und letzte Sehnsüchte und auch religiöse Zuordnungen thematisieren, sind offene Formen im Miteinander der Religionen selten möglich. Zu groß ist auch die Gefahr, dass diese sich in rein individuelle Gestaltungen verlieren. Deshalb wird es wohl immer um »liturgische Gastfreundschaft« gehen, sei es in der Gastrolle eines Pfarrers oder einer Pfarrerin auf jüdischen bzw. muslimischen Feiern oder in der Beteiligung eines Imams oder Rabbiners bzw. einer Rabbinerin auf einer christlichen Feier. Wir schlagen hier eine christliche Feier vor, die von einem Imam oder einem Rabbiner begleitet wird. Diese muss vorbereitet werden in offenen Gesprächen, in denen die Räume des Möglichen und situativ Gegebenen ausgelotet werden. Sicherlich sind hier liturgische Formulare wie dieses nur eine Anregung.

Die Gastrolle eines Pfarrers oder einer Pfarrerin auf einer muslimischen oder jüdischen Beerdigung setzt die genaue und offene Reflexion der dortigen rituellen Vollzüge voraus. Sie könnte eine kurze biblische Lesung (z.B. 1 Kor 13, 8–10.12–13, Jes 40,6–8 oder Psalm 39), eine kleine Ansprache bzw. eine Beteiligung bei einer gemeinsamen Ansprache, dazu ein Gebet mit abschließendem Vaterunser umfassen. Auch der dreimalige Erdwurf mit den entsprechenden deutenden Worten und ein kurzes Gebet am Grab sind möglich.

Liturgischer Entwurf:
Christliche Beerdigung in liturgischer Gastfreundschaft

In der Kapelle/Kirche

Musik

Eröffnung und Gebet

Liturg/Liturgin:

Gnade sei mit euch und Friede von dem,
der da ist und der da war und der da kommt.

Gemeinde:

Amen.

Liturg/Liturgin:

Wir sind hier, weil wir Abschied nehmen müssen von N.N. Im Angesicht des Todes bedenken wir, was *sie/er* uns gewesen ist, und wollen *sie/ihn* auf *ihrem/seinem* letzten Weg begleiten. Wie wir die *Tote/den Toten* in die Erde geben, so geben wir *ihr/sein* Leben zurück in Gottes Hände, aus denen es kam. Auch wir müssen in dieser Stunde schmerzlich erkennen, wie zerbrechlich unser menschliches Dasein ist. Darum wollen wir auf Gottes Wort hören und uns seiner Gegenwart anvertrauen.

Christus spricht: In der Welt habt ihr Angst, doch seid getrost, ich habe die Welt überwunden.

An dieser Stelle können der Imam oder die Rabbinerin/ der Rabbiner begrüßt werden, oder diese selbst ergreifen das Wort.

Lasst uns beten mit Worten aus Psalm 39:

HERR, lehre doch mich, dass es ein Ende mit mir haben muss
und mein Leben ein Ziel hat und ich davon muss.
Siehe, meine Tage sind eine Handbreit bei dir,
und mein Leben ist wie nichts vor dir.
Ach, wie gar nichts sind alle Menschen,
die doch so sicher leben!
Sie gehen daher wie ein Schatten
und machen sich viel vergebliche Unruhe;
sie sammeln und wissen nicht, wer es kriegen wird.
Nun, HERR, wessen soll ich mich trösten?
Ich hoffe auf dich.
Höre mein Gebet, HERR, und vernimm mein Schreien,
schweige nicht zu meinen Tränen;
denn ich bin ein Gast bei dir,
ein Fremdling wie alle meine Väter.

Im Falle einer jüdischen Beteiligung kann der Psalm durch die Rabbinerin oder den Rabbiner gebetet werden.

Oder

Liturg / Liturgin:

Lasst uns beten:

Lebendiger Gott,
der Tod lässt uns verstummen:
Was ist der Mensch mehr als ein Hauch,
als ein Staub aufgewirbelt im Wind,
und was er für wertvoll hält und wonach er strebt,
kommt und vergeht wie ein flüchtiger Atemzug?
Was ist die Liebe, wenn sie am Ende an einem Grab weint?
Wir bitten dich: Wende dich nicht ab von uns.
Sprich zu uns
und lass uns deine bergende Nähe spüren.

Heiliger Herre Gott, heiliger starker Gott,
heiliger barmherziger Heiland, du ewiger Gott:
lass uns nicht versinken in des bitteren Todes Not.
Erbarme dich unser.
Amen.

Lesung

Lektor / Lektorin:

Im Angesicht des Todes suchen wir nach Worten, die tragen können. Paulus schreibt im Brief an die Gemeinde in Korinth von der Liebe, die weiterreicht als das Stückwerk unserer Erkenntnis, weil uns Gott in ihr begegnet:

Die Liebe höret nimmer auf, wo doch das prophetische Reden aufhören wird und das Zungenreden aufhören wird und die

Erkenntnis aufhören wird. Denn unser Wissen ist Stückwerk und unser prophetisches Reden ist Stückwerk. Wenn aber kommen wird das Vollkommene, so wird das Stückwerk aufhören.
Wir sehen jetzt durch einen Spiegel in einem dunklen Bild; dann aber von Angesicht zu Angesicht. Jetzt erkenne ich stückweise; dann aber werde ich erkennen, wie ich erkannt bin. Nun aber bleiben Glaube, Hoffnung, Liebe, diese drei; aber die Liebe ist die größte unter ihnen.

1 Korinther 13, 8–10.12–13

Oder eine andere Lesung

[Imam:

Bismi 'llāhi 'r-raḥmāni 'r-raḥīmi.
Im Namen Gottes, des barmherzigen Erbarmers.

Und schaue auf die Spuren von Gottes Barmherzigkeit,
wie er die Erde belebt nach ihrem Tod.
Siehe, dieser kann auch die Toten zum Leben bringen,
er ist aller Dinge mächtig.

Sure 30,50

Oder

Oh ihr, die ihr glaubt!
Sucht Hilfe in Geduld und im Gebet!
Siehe, Gott ist mit den Geduldigen!
Nennt, die auf Gottes Weg getötet wurden, nicht »Tote«,
nennt sie vielmehr »Lebendige«!

Doch ihr bemerkt es nicht.
Wahrlich, wir wollen euch auf die Probe stellen
durch einiges an Furcht und Hunger
und durch Verlust an Gut, an Leben und an Früchten.
Verkünde frohe Botschaft den Geduldigen!
Die sprechen, wenn ein Schicksalsschlag sie trifft:
»Siehe, wir sind Gottes, und zu ihm kehren wir zurück« -
sie sind es, denen von ihrem Herrn Segenswünsche und
Erbarmen zugedacht sind, sie sind es, die geleitet sind.

Sure 2,53-57]

Im Falle einer jüdischen Beteiligung können hier eine Lesung aus der Thora oder ein anderes Trostwort folgen.

Musik

[Lebenslauf der / des Verstorbenen]

Predigt

Diese kann zusammen mit dem Imam bzw. mit der Rabbinerin/ dem Rabbiner im Wechsel oder nacheinander gehalten werden.

Musik

Abschied

Liturg/Liturgin:

Wir nehmen nun Abschied von N.N.
Wer *sie/ihn* geliebt hat, trage diese Liebe weiter.
Wer *ihr/ihm* etwas schuldig geblieben ist an Liebe in Worten und Taten,
der bitte Gott um Vergebung.
Wem *sie/er* weh getan haben sollte, verzeihe *ihr/ihm*,
wie uns Gott vergibt.
So nehmen wir Abschied mit Dank und im Frieden.
Lasst uns das in der Stille tun: ... (Stille)

Ewiger Gott, Herr über Lebende und Tote:
Wir beugen uns unter deinen Willen
und geben *die Entschlafene/den Entschlafenen* in deine Hand.
Wir danken dir für alles, was du an *ihr/ihm* getan hast in guten und in schweren Zeiten,
und für alles, was *sie/er* uns gewesen ist.
Gott, du bist da, wenn unser Leben beginnt.
Du wartest auf uns, wenn es zu Ende geht.
Wir hoffen und vertrauen,
dass das sterbliche Leben von N.N.
Anteil hat an deinem unvergänglichen Leben.
So legen wir nun in deine Hände, was wir nicht halten können.
Alle die jetzt trauern, umhülle mit dem Mantel des Trostes.
Stärke uns angesichts des Todes zu jedem neuen Tag.
Amen.

Hier kann im Falle einer muslimischen Beteiligung eine Koranrezitation, ein Totengebet und/oder ein Bittgebet für die Angehörigen folgen.

[Imam:

Ya Qadim – o du Anfangsloser –
du, der du uns das Leben als auch den Tod schenktest
als eine Gnade und einen Segen deinerseits.
Erfülle unser aller Leben und erleichtere uns den Tod,
der die Korridore des ewigen Lebens bereitet.
Ya Hayy – du Lebendiger, der du Leben schenkst –
du schicktest uns auf diese Welt, um uns zu prüfen.
So schenke uns allen ein langes Leben in Gesundheit und Frieden.
Ein Leben, das wir schmücken mit unseren guten Taten.
Auf das wir nützliche Dinge hinterlassen,
die unseren Nachkommen und der Menschheit dienlich sind.
Ya Rahman, Ya Rahim – o du Allerbarmer und barmherziger Einer,
mach uns unsere diesseitige Prüfung leicht,
schenke uns deine Gunst und Zufriedenheit
und nimm uns auf in die Ewigkeit in deiner Barmherzigkeit und Gnade.

Im Namen Gottes, des barmherzigen Erbarmers.
Lobpreis sei Gott, dem Herrn der Weltbewohner,
dem barmherzigen Erbarmer,
dem Herrscher am Tag des Gerichts!
Dir dienen wir, dich rufen wir um Hilfe an.
Leite uns den rechten Weg,

den Weg derer, denen du gnädig bist,
nicht derer, denen gezürnt wird,
noch derer, welche irregehn!

Al-Fatiha, Sure 1]

Im Falle einer jüdischen Beteiligung kann das Zidduk hadin (»Rechtfertigung des Gerichts«) oder auch das El male rachamim (»Gott der Barmherzigkeit«) oder ein anderes Gebet durch die Rabbinerin/den Rabbiner gesprochen oder auch gesungen werden.

[**Rabbiner/Rabbinerin** (hier formuliert für eine Verstorbene):

Gott voller Erbarmen, der in den Höhen thront, lass auf den Flügeln Deiner göttlichen Gegenwart wahre Ruhe finden, inmitten der Heiligen und der Reinen, die im himmlischen Glanze leuchten, die Seele der N.N., Tochter des N.N., die in Seine ewige Welt eingekehrt ist. Wir beten für das Gedenken an ihre Seele. Im Garten Eden möge sie ihre Ruhe finden. Der barmherzige Vater berge sie für immer im Schutze Seiner Flügel und ihre Seele füge Er in den Bund des ewigen Lebens. Der Ewige ist ihr Anteil und sie ruhe in Frieden auf ihrem Lager. So sagen wir: Amen.]

Liturg/Liturgin:

Wir erwarten die Auferstehung der Toten und das Leben der kommenden Welt. Lasst uns in dieser Hoffnung den Leib *der/des* Verstorbenen zu seiner letzten Ruhestätte begleiten. Der Herr behüte unseren Ausgang und Eingang von nun an bis in Ewigkeit.

Musik

Zusammen mit dem Pfarrer schreiten Imam und/oder Rabbinerin/Rabbiner auf dem Weg zum Grab voran, oder sie gehen mit den Angehörigen.

Am Grab

Liturg/Liturgin:

Herr, du bist unsere Zuflucht für und für. Ehe denn die Berge wurden und die Erde und die Welt geschaffen wurden, bist du, Gott, von Ewigkeit zu Ewigkeit.

Psalm 90,1

Aus Gottes Hand kommt alles Leben.
In Gottes Hand kehrt alles Leben zurück.
So nehmen wir Abschied von N.N. und legen *ihren/seinen* Leib in Gottes Erde.

Erde zu Erde, Asche zu Asche, Staub zum Staube.

Es wird gesät verweslich und wird auferstehen unverweslich.
Es wird gesät in Niedrigkeit und wird auferstehen in Herrlichkeit.
Es wird gesät in Schwachheit und wird auferstehen in Kraft.
Wir geben *sie/ihn* in Gottes Hand.

Jesus Christus wird *sie/ihn* auferwecken. Er sei *ihr/ihm* gnädig im Gericht und lasse *sie/ihn* die ewige Herrlichkeit schauen. Friede sei mir *ihr/ihm*.

[zum Grab gewandt:
Der Segen Gottes,
des Vaters und des Sohnes und des Heiligen Geistes,
sei mit dir und bleibe bei dir in Ewigkeit.

Gemeinde:
Amen.]

Die Rabbinerin/ der Rabbiner kann hier ein Gebet sprechen. Der Imam kann schweigend Erde ins Grab werfen.

Liturg/Liturgin:
So spricht Gott der Herr: Fürchte dich nicht, denn ich habe dich erlöst; ich habe dich bei deinem Namen gerufen; du bist mein!
Jesaja 43, 1b

Lasst uns beten, wie Jesus Christus uns gelehrt hat:

Gemeinde:
Vater unser im Himmel,
geheiligt werde dein Name.
Dein Reich komme.
Dein Wille geschehe, wie im Himmel so auf Erden.
Unser tägliches Brot gib uns heute.
Und vergib uns unsere Schuld,
wie auch wir vergeben unsern Schuldigern.
Und führe uns nicht in Versuchung, sondern erlöse uns von dem Bösen.
Denn dein ist das Reich und die Kraft und die Herrlichkeit

in Ewigkeit.
Amen.

Liturg/Liturgin:

[Ewiger Gott,
Schöpfer der sichtbaren und der unsichtbaren Welt,
in allem Dunkel scheint dein unvergängliches Licht.
Lass N.N. deinen hellen Glanz in Klarheit schauen
und auch uns in deinem Licht unser Leben vollenden.
Durch Jesus Christus, unseren Herrn.

Oder

Herr, stehe uns bei,
solange der Tag dieses unruhigen Lebens währt,
bis die Schatten lang werden und der Abend kommt
und die geschäftige Welt zur Ruhe gelangt,
das Fieber des Lebens vorüber und unser Werk getan ist.
Dann, Herr, schenke uns ein sicheres Wohnen,
heilige Ruhe und den Frieden
durch Jesus Christus, unseren Herrn.

Common Prayer Book, übersetzt von Jörk Zink]

Zusätzlich zum folgenden Segen oder an dessen Stelle kann im Falle einer jüdischen Beteiligung der Segen durch die Rabbinerin oder den Rabbiner erfolgen.

Liturg/Liturgin:

Der Herr segne und behüte euch.
Der Herr lasse leuchten sein Angesicht über euch und sei

euch gnädig.
Der Herr erhebe sein Angesicht auf euch und gebe euch Frieden (+).
Amen.

Im Falle einer muslimischen Beteiligung kann das Grab nun von Mitgliedern der Trauergemeinde zugeschaufelt werden. Das gilt auch für den Fall einer jüdischen Beteiligung. Dann kann anschließend das Kaddisch gesprochen oder gesungen werden.

[**Rabbiner/Rabbinerin:**
Erhoben und geheiligt werde sein großer Name
in der Welt, die er nach seinem Willen geschaffen,
und sein Reich erstehe in eurem Leben und in euren Tagen
und dem Leben des ganzen Hauses Jisrael,
schnell und in naher Zeit. Sprecht: Amen!
Sein großer Name sei gepriesen
in Ewigkeit und Ewigkeit der Ewigkeiten!
Gepriesen und gerühmt und verherrlicht
und erhoben und erhöht und gefeiert
und hoch erhoben und hochgelobt sei der Name des Heiligen.
Gelobt sei er!
Hoch und erhaben über jedem Lob und Gesang,
über Verherrlichung und Trostverheißung,
die je in der Welt gesprochen wurden. Sprecht: Amen!
Die Fülle des Friedens möge vom Himmel herabkommen,
Leben für uns und ganz Jisrael!
Sprecht: Amen!
Der Frieden stiftet in den Himmelshöhen,
stifte Friede unter uns und ganz Jisrael! Sprecht: Amen!]

4. Einleitung zur Einweihung eines Raumes der Stille in einem Krankenhaus

Einweihungen gehören in unserer Gesellschaft zu den wichtigen sozialen Ritualen. Viele Motive spielen bei der Gestaltung eine Rolle und können eine rituelle Deutung erfahren – etwa die Freude über den Abschluss eines gemeinschaftlichen Vorhabens, das in Planung und Ausführung einen erheblichen Aufwand an Geld, Zeit und Energie verursachte, dazu eine erneute Verständigung und Vergewisserung über den Sinn des Vorhabens und auch der Ausdruck der Hoffnung, dass die aufgewendeten Mittel durch den Gebrauch des Hauses oder des Objektes am Ende auch gerechtfertigt werden. Immer geht es auch um eine Sozialgestalt, die sich wiederfinden will, um deren Möglichkeiten und Grenzen. Wenn Religionsvertreterinnen oder Religionsvertreter hinzugebeten werden, erscheinen diese Aspekte in einem erweiterten Horizont: Grundlegende ethische und Sinnfragen kommen in den Blick, dazu Daseinsbedingungen und Hoffnungen, die über das menschlich Machbare und das uns Verfügbare hinausgehen.

Einweihungen sind für Christen seit Jahrhunderten eine selbstverständliche liturgische Handlung. Sie gelten nicht nur kirchlichen Gebäuden, sondern tragen ein christliches Weltverständnis in die Vielfalt der Lebensvollzüge. Nach evangelischem Verständnis gewinnt ein Bau oder Objekt durch seine »Weihe« keinen anderen Status. Vielmehr geht es um Zweck und Funktion eines Objekts für Menschen und deren Zusammenleben, die in einer festlichen Indienst- oder Ingebrauchnahme öffentlich inszeniert werden. Das »Wort Gottes« wird verkündigt – in Bezug auf Gebäude, Einrichtungen und Gegenstände, doch dabei immer zu Menschen, die damit zu tun haben. In Schriftlesung und Andacht werden sowohl ein Zuspruch wie auch ein Anspruch artikuliert: Die Objekte sollen unter dem Segen Gottes zum Segen werden.

Immer häufiger werden bei Einweihungen im öffentlichen Raum Verantwortliche verschiedener Religionen zur Mitwirkung eingeladen. In der Gestaltung einer solchen multireligiösen gottesdienstlichen Handlung verdichtet sich interreligiöser Dialog. Elementare Fragen entstehen: Was ist ein Gebet? Was ist Segen? Wie ist das Verhältnis Gottes zur Schöpfung zu denken? Welche Stellung hat der Mensch darin? Ja, wie verstehen wir als unterschiedliche religiöse Menschen überhaupt das Wesen unserer raumzeitlichen und leiblichen Wirklichkeit?

Neben den großen Chancen und dem Reichtum des Austauschs, des neugierigen Miteinanders und der Begegnung bei solchen Feiern bestehen auch Gefahren, die es vorab zu bedenken gilt:

1. Schnell können Vereinnahmungen geschehen – und das auch an Orten, wo man sie nicht sofort wahrnimmt, etwa schon in der angelegten Struktur einer solchen gottesdienstlichen Feier. So ist bei Feiern mit muslimischer Beteiligung zu beachten, dass es für die allermeisten Muslime undenkbar ist, über Dingen zu beten oder einen irgendwie vermittelten Segen zu sprechen. Muslime haben ein intensiviertes Gespür für die radikale Unterschiedenheit zwischen Gott und Geschöpf: Menschen können nichts Geschaffenes »heiligen« oder »segnen«, sondern nur um das gnädige und unverfügbare Handeln Gottes bitten. Das hat Folgen für den Aufbau der Feier, die nicht

mehr allein auf den Höhepunkt nach christlicher Logik, auf die Segnung, zusteuern kann.

2. Besonders in der Außenwahrnehmung durch Dritte können die Unterschiede zwischen den Religionen verwischt und nivelliert werden und Grauzonen entstehen. Dies gilt umso mehr, wenn die Feiern in einem säkularen Umfeld geschehen, wo grundsätzliches Wissen und eingeübte Umgangsweisen mit religiösen Riten fehlen.

3. Zu klären ist prinzipiell, ob es sich um eine »Feier in liturgischer Gastfreundschaft« handelt oder um ein multireligiöses Gebet. Im ersten Fall sind Vertreterinnen und Vertreter einer anderen Religion bei einem christlichen Ritual zu Gast, gegebenenfalls mit eigenen Beiträgen. Bei der Auswahl von Lesungen, Formulierung von Gebeten etc. ist der Gast im Blick und wird herzlich empfangen. Bei einem multireligiösen Gebet aber wird die Feier zusammen konzipiert, und die einzelnen Beiträge sind, verwoben zu einem gemeinsamen Ganzen, gleich gewichtet. Dies ist mit einem erheblichen Gesprächsaufwand verbunden. Bei der Feier sollte dann immer unmissverständlich klar sein, wo es sich um christliche, um jüdische, um muslimische oder um andere Worte und Riten handelt.

4. Zu beachten ist, dass so ein religiöser Mehrklang die einzelnen Töne verändern kann und sie anders gehört werden. Kontexte verändern die gesprochenen und gesungenen Details. Besonderes Augenmerk ist auch auf die Auswahl der Musik zu lenken, die einer Feier ein unterschwelliges kulturelles Gepräge gibt und sowohl eine unterbrechende als auch ver-

bindende Funktion zwischen den einzelnen Elementen haben kann.

Der hier dargestellten Feier liegt die Einweihung eines Raumes der Stille in der Berliner Charité zugrunde, die das House of One verantwortete. Das Formular wurde für einen konkreten Einzelfall entworfen, dann aber überarbeitet, reflektiert und durchlässig gemacht für andere verwandte Situationen. Das Ritual hat einen jüdischen, einen christlichen und einen muslimischen Teil. Diese stehen gleichberechtigt nebeneinander, sind additiv zusammengekommen und dabei klar unterschieden.

Liturgischer Entwurf:

Einweihung eines Raumes der Stille in einem Krankenhaus

Eröffnung

Musik

Gruß

Sprecherin:

Heute wird der »Raum der Stille« in diesem Krankenhaus eingeweiht. Wir sind dankbar, dass Menschen unterschiedlicher Weltanschauungen und Religionen dazu hier zusammengekommen sind. Still soll es in diesem Raum sein ... Stille, in der Menschen zu sich selbst kommen oder ihre Klagen und Ängste benennen können; Stille, in der seelische Klarheit und Hoffnung entstehen können; Stille zum Durchatmen; Stille zum Abschiednehmen; Stille zum Weinen und tröstende Stille; Stille zu Gebet und Meditation. Diese Stille werden Menschen unterschiedlich erfahren, fühlen und füllen, je nachdem in welchem Glauben und welcher Weltanschauung sie zu Hause sind.

Sprecher:

Muslime, Christen und Juden beten heute Seite an Seite mit denen, die nicht beten wollen oder können, aber die das Gebet der anderen achten. Jede und jeder folgt dabei seiner bzw.

ihrer Glaubenstradition – aber uns alle verbindet die Verantwortung für unsere Mitmenschen, was immer sie glauben und denken, woher sie kommen und wohin sie gehen.
Ein Raum der Stille wird heute eröffnet. Mit einem Moment der Stille beginnen wir unser Gebet:

Stille

Verkündigung/Einweihungshandlung

Die Rabbinerin bzw. der Rabbiner sprechen einen Psalm oder ein Gebet.

Musik

Imam:

بِسْمِ اللهِ الرَّحْمَٰنِ الرَّحِيمِ
الْحَمْدُ لِلَّهِ رَبِّ الْعَالَمِينَ
الرَّحْمَٰنِ الرَّحِيمِ
مَالِكِ يَوْمِ الدِّينِ
إِيَّاكَ نَعْبُدُ وَإِيَّاكَ نَسْتَعِينُ
اهْدِنَا الصِّرَاطَ الْمُسْتَقِيمَ
صِرَاطَ الَّذِينَ أَنْعَمْتَ عَلَيْهِمْ غَيْرِ الْمَغْضُوبِ عَلَيْهِمْ وَلَا الضَّالِّينَ

Bismi 'llāhi 'r-raḥmāni 'r-raḥīmi.
Im Namen Gottes, des barmherzigen Erbarmers.

Lobpreis sei Gott, dem Herrn der Weltbewohner,
dem barmherzigen Erbarmer,
dem Herrscher am Tag des Gerichts!

Dir dienen wir, dich rufen wir um Hilfe an.
Leite uns den rechten Weg,
den Weg derer, denen du gnädig bist,
nicht derer, denen gezürnt wird,
noch derer, welche irregehn!

Al-Fatiha, Sure 1

Gott ist das Licht der Himmel und der Erde.
Sein Licht ist einer Nische gleich, in welcher eine Leuchte steht.
Die Leuchte ist in einem Glas, das Glas gleicht einem funkelnden Gestirn,
entflammt von einem segensreichen Ölbaum, nicht östlich und nicht westlich.
Sein Öl scheint fast zu leuchten, auch wenn das Feuer es noch nicht berührte.
Licht über Licht! Gott leitet, wen er will, zu seinem Licht.
Gott prägt Gleichnisse für die Menschen, und Gott weiß alle Dinge – in Häusern, die Gott erlaubte zu erbauen und seines Namens darin zu gedenken;
es preisen ihn darin am Morgen und am Abend
Männer, welche weder Handel noch Verkauf
ablenken können vom Gedenken Gottes
noch davon, das Gebet zu verrichten,
noch davon, die Armensteuer zu entrichten:
Sie fürchten sich vor einem Tag,
an dem die Herzen und die Augen umgewendet werden,
dass ihnen Gott vergelte, was sie an Gutem taten
und ihnen mehr von seiner Huld verleihe.
Gott versieht mit Gaben, ohne abzurechnen, wen er will.

Sure 24,35–38

Oder

Und Hiob. Damals, als er zu seinem Herrn rief:
»Siehe, mich erfasste Unglück,
du aber bist der barmherzige Erbarmer!«
Da erhörten wir ihn und nahmen, was an Unglück an ihm war, von ihm
und gaben ihm seine Familie zurück, und mit ihr noch einmal so viel,
aus Barmherzigkeit von uns und als Mahnung für die Dienenden.

Sure 21,83

Oder ein anderer Korantext

Musik

Liturgin / Liturg:

Die Gnade unseres Herrn Jesus Christus und die Liebe Gottes und die Gemeinschaft des Heiligen Geistes sei mit euch allen.

Gemeinde:

Amen.

Liturgin / Liturg:

In der Bibel, im ersten Brief an Timotheus steht geschrieben: Alles wird geheiligt durch das Wort Gottes und Gebet.

1 Timotheus 4,5

So weihen wir diesen Raum der Stille ein, indem wir auf

Gottes Wort hören und beten.

Lektorin / Lektor:

Hört die Geschichte, die Jesus von einem Menschen erzählt, der ohne viel Nachdenkens und aus einfachem, menschlichem Mitgefühl heraus barmherzig ist. In ihm ist Gott nah. So steht im Lukasevangelium im zehnten Kapitel:

Und siehe, da stand ein Gesetzeslehrer auf, versuchte ihn und sprach: Meister, was muss ich tun, dass ich das ewige Leben ererbe? Er aber sprach zu ihm: Was steht im Gesetz geschrieben? Was liest du? Er antwortete und sprach: »Du sollst den Herrn, deinen Gott, lieben von ganzem Herzen, von ganzer Seele und mit all deiner Kraft und deinem ganzen Gemüt, und deinen Nächsten wie dich selbst.«
Er aber sprach zu ihm: Du hast recht geantwortet; tu das, so wirst du leben.
Er aber wollte sich selbst rechtfertigen und sprach zu Jesus: Wer ist denn mein Nächster? Da antwortete Jesus und sprach: Es war ein Mensch, der ging von Jerusalem hinab nach Jericho und fiel unter die Räuber; die zogen ihn aus und schlugen ihn und machten sich davon und ließen ihn halb tot liegen. Es traf sich aber, dass ein Priester dieselbe Straße hinabzog; und als er ihn sah, ging er vorüber. Desgleichen auch ein Levit: Als er zu der Stelle kam und ihn sah, ging er vorüber. Ein Samariter aber, der auf der Reise war, kam dahin; und als er ihn sah, jammerte es ihn; und er ging zu ihm, goss Öl und Wein auf seine Wunden und verband sie ihm, hob ihn auf sein Tier und brachte ihn in eine Herberge und pflegte ihn. Am nächsten Tag zog er zwei Silbergroschen heraus, gab

sie dem Wirt und sprach: Pflege ihn; und wenn du mehr ausgibst, will ich dir's
bezahlen, wenn ich wiederkomme.
Wer von den dreien, meinst du, ist der Nächste geworden dem, der unter die Räuber gefallen war? Er sprach: Der die Barmherzigkeit an ihm tat. Da sprach Jesus zu ihm:
So geh hin und tu desgleichen!

Lukas 10,25–36

Oder ein anderer biblischer Text

Liturgin / Liturg:

Lasst uns beten:

Gnädiger Gott,
in der Stille bist du uns nah und hörst uns auch dort,
wo unsere Worte enden.
Wir bitten dich für dieses Haus und alle, die hier arbeiten,
für Ärztinnen, Pflegekräfte, Seelsorgerinnen, Köche und Reinigungskräfte.
Wir bitten dich für die Kranken, die hier sind und sein werden,
für die Jungen und die Alten,
für die, die wieder gesund werden
und für die, die mit ihrer Krankheit leben oder sterben müssen.
Sei du bei allen,
die diesen Raum der Stille aufsuchen werden,
höre sie,
richte sie auf und tröste sie,

weite ihnen Blick und Seele für deine unaussprechliche Gegenwart.

Gemeinde:

Amen.

Liturgin/Liturg:

Alle unsere Wünsche und Gedanken legen wir in Deine treuen Hände und beten mit Jesu Worten:

Gemeinde:

Vater unser im Himmel,
geheiligt werde dein Name.
Dein Reich komme.
Dein Wille geschehe, wie im Himmel so auf Erden.
Unser tägliches Brot gib uns heute.
Und vergib uns unsere Schuld,
wie auch wir vergeben unsern Schuldigern.
Und führe uns nicht in Versuchung, sondern erlöse uns von dem Bösen.
Denn dein ist das Reich und die Kraft und die Herrlichkeit in Ewigkeit.
Amen.

Liturgin/Liturg:

Wir vertrauen diesen Raum der Stille und alle, die hier sein werden, dem Segen und der Gnade Gottes an.
Im Namen des Vaters [+] und des Sohnes und des Heiligen Geistes.
Amen.

Sendung / Segnung

Musik

Segen

Liturgin / Liturg:

Uns alle, die wir hier zusammen sind, will Gott segnen:

Der Herr segne Dich und behüte Dich.
Der Herr lasse leuchten sein Angesicht über Dir und sei Dir gnädig.
Der Herr erhebe sein Angesicht auf Dich und gebe Dir Frieden [+].

Die Rabbinerin oder der Rabbiner spricht ein Segensgebet oder den Aaronitischen Segen auf Hebräisch.

Imam:

Im Namen Gottes, des barmherzigen Erbarmers.
Beim Nachmittag!
Siehe, der Mensch ist wahrlich in Verlorenheit,
nur die nicht, welche glauben und gute Werke tun,
einander zur Wahrheit ermuntern
und zum Geduldigsein ermuntern.

Sure 103

5. Einleitung zum multireligiösen Friedensgebet

In Deutschland haben Gottesdienste zu gesellschaftlichen Anlässen, zu besonderen Ereignissen oder angesichts von Krisen oder Katastrophen eine lange Tradition, die zurückreicht in eine Zeit, als das Christentum kulturprägend und engstens verwoben mit Kommunen und staatlichen Institutionen war. In dem Maße, wie Dörfer und Städte auch von anderen Religionen geprägt werden, verändern sich auch diese Feiern. Multireligiöse Gebete bilden heute rituelle und symbolische Verständigungspunkte, wo sich Menschen über kulturelle und Religionsgrenzen hinweg zusammenfinden und ihr gesellschaftliches Miteinander spiegeln und inszenieren. Solche Gebete können zu Zeichen der Versöhnung, des Friedens und der gegenseitigen Achtung in einer offenen Gesellschaft werden.

Zu den Möglichkeiten gemeinsamen Betens mit anderen Religionen ist bereits Grundlegendes gesagt worden. Solche multireligiösen Gebete müssen gründlich vorbereitet werden und verlangen oftmals auch offizielle Beauftragungen durch die Religionsgemeinschaften. Texte müssen genau besprochen und abgestimmt werden, um Missverständnissen vorzubeugen und sich über Absichten zu verständigen.

Ein äußerer Anlass, sei er so elementar wie der Wunsch nach Frieden, bedeutet noch keinen zureichenden Grund für ein gemeinsames Beten – dieses will als verbindender und niemals widerspruchsfreier ritueller Vollzug erst wachsen, denn es stellt mehr dar als einen ethischen Konsens. Von allen Beteiligten wird die Bereitschaft verlangt, sich dem anderen zu öffnen, die eigenen religiösen Vorstellungen zu erklären und verständnisvoll zuzuhören. Nur so kann das Vertrauen wachsen, das ein gemeinsames Beten erst tragen kann.

Auch über Gesten und Zeichen, Kleidung, Symbole und Gegenstände wie Kerzen und Blumen muss gesprochen werden. Hilfreich ist, wenn jede Glaubensgemeinschaft einen eigenen Teil im Gesamtablauf hat, den sie gemäß ihrer Tradition gestaltet. Strukturvorgaben der Feier sind genau zu reflektieren, um eine wirkliche Gleichberechtigung zu ermöglichen. Die Anwesenheit der anderen, selbst wenn sie nur zuhören, verändert Riten und Worte. Hermeneutisches Feingefühl und kulturelle Kompetenz aller sind an dieser Stelle gefragt.

Räume sind nie neutral, aber es ist leichter, solche Feiern an Orten zu planen, die nicht von einer Religion bestimmt sind. Soll das Gebet in einer Kirche stattfinden, ist klar zu artikulieren, dass keine Veränderungen im Raum vorgenommen werden können, die das religiöse Selbstverständnis der gastgebenden Christen berühren. Gleiches gilt etwa bei einer Moschee.

Hier stellen wir ein multireligiöses Friedensgebet vor, das ähnlich im November 2020 in der Berliner Marienkirche gefeiert wurde, gestaltet vom *House of One* Team – ein Gebet für Vergebung und ein friedliches Miteinander und für die Opfer der Angriffe und Anschläge in Dresden, Paris, Nizza und Wien, die in diesem Jahr die Öffentlichkeit bewegten. Der Ort der Zusammenkunft, eine Kirche, und die Einbettung in ein wöchentliches Versöhnungsgebet der Gemeinde innerhalb der Nagelkreuzgemeinschaft von Coventry, verlangte von der Gastgeberin, der Marienkirchgemeinde, eine besondere Rolle bei der Begrüßung und beim Abschluss mit einem Segen. Die Teilnehmerinnen und Teilnehmer standen im Halbkreis im Chorraum und trugen liturgische Kleidung. In der Mitte standen zwei Mikrofone. Nacheinander traten die verschiedenen Religionsvertreter in die Mitte. Während der Gebete und Lesungen waren die anderen zuhörend beteiligt, aber nicht verantwortlich. Der Freitag, an dem dieses Gebet stattfand, ist für multireligiöse Gebete ein herausfordernder Tag, denn um die Mittagszeit begehen die Muslime ihr Freitagsgebet und am Abend beginnt für Juden der Schabbat.

Liturgischer Entwurf:
Multireligiöses Friedensgebet

Musik

Begrüßung

Liturgin:

Wir begrüßen Sie zum Friedensgebet in der Kirche N. in N. [Wie jeden Freitag um zwölf Uhr beten wir mit allen Kirchen der Nagelkreuzgemeinschaft weltweit um Vergebung.] Heute beten wir zusammen mit muslimischen und buddhistischen Geschwistern, mit Sikhs und mit Brüdern und Schwestern aus der christlichen Ökumene. [Die Anschläge der letzten Wochen in Dresden, Paris, Nizza und Wien bedrücken uns.]

Liturg:

Anteilnehmen, das wollen wir gemeinsam mit unseren Gästen aus anderen Konfessionen und Religionen. Anteilnehmen heißt, eigene Schuld nicht zu verdrängen - eigene Mitschuld an Trennung und Unterdrückung von Menschen, Mitschuld an Gleichgültigkeit und Ressentiments. Wir beten in unterschiedlichen Traditionen und mit unterschiedlichen religiösen Vorstellungen, aber wir beten für ein gemeinsames Anliegen, für Frieden.

Lesungen und Gebete

Liturgin:

Die Gnade unseres Herrn Jesus Christus und die Liebe Gottes und die Gemeinschaft des Heiligen Geistes sei mit euch allen.

Gemeinde:

Und mit deinem Geist.

Liturg:

Wir hören, wie der Prophet Micha die Zukunft der Menschen sah. Er schreibt von einem Frieden, der alle umfangen wird. Das ist der Grund unserer Hoffnung heute:

In den letzten Tagen aber wird der Berg, darauf des HERRN Haus ist, fest stehen, höher als alle Berge und über alle Hügel erhaben. Und die Völker werden herzulaufen, und viele Heiden werden hingehen und sagen: Kommt, lasst uns hinauf zum Berge des HERRN gehen und zum Hause des Gottes Jakobs, dass er uns lehre seine Wege und wir in seinen Pfaden wandeln! Denn von Zion wird Weisung ausgehen und des HERRN Wort von Jerusalem. Er wird unter vielen Völkern richten und mächtige Nationen zurechtweisen in fernen Landen. Sie werden ihre Schwerter zu Pflugscharen machen und ihre Spieße zu Sicheln. Es wird kein Volk wider das andere das Schwert erheben, und sie werden hinfort nicht mehr lernen, Krieg zu führen. Ein jeder wird unter seinem Weinstock und Feigen-baum wohnen, und niemand wird sie schrecken. Denn der Mund des HERRN Zebaoth hat's geredet.

Micha 4, 1-4

Oder eine andere biblische Lesung

An dieser Stelle kann eine ganz kurze Wortverkündigung folgen.

Lasst uns beten:

Barmherziger Gott,
der du uns deinen Frieden geben willst,
sei mit allen Menschen, die weinen, trauern und verängstigt sind.
Lass uns für sie und füreinander einstehen,
für sie und miteinander beten um Frieden und Vergebung,
wie du sie uns verheißt. Amen.

Musik

Buddhist:

Mögen alle Wesen, die überall von Leiden an Körper und Geist geplagt sind, bald von ihren Krankheiten befreit werden.
Mögen die Verängstigten aufhören, Angst zu haben, und mögen die Gebundenen frei sein.
Mögen die Machtlosen Macht finden und mögen die Menschen daran denken, sich miteinander anzufreunden.
Mögen diejenigen, die sich in einer spurlosen, beängstigenden Wildnis befinden, von nützlichen Himmelskörpern bewacht werden, und mögen sie schnell die Buddhaschaft erreichen.

Buddhistisches Friedensgebet

Wenn ich jemandem durch meine eigenen Verwirrungen wissentlich oder unwissentlich Schaden zugefügt habe, bitte ich ihn um Vergebung.
Wenn mir jemand durch seine eigenen Verwirrungen wissentlich oder unwissentlich Schaden zugefügt hat, vergebe ich ihm.
Und wenn es eine Situation gibt, für die ich noch nicht bereit bin zu vergeben, vergebe ich mir das selbst.
Für all die Arten, wie ich mich selbst verletze, negiere, bezweifle, mich herabsetze, urteile oder durch meine eigenen Verwirrungen unfreundlich zu mir selbst bin, vergebe ich mir selbst.

Buddhistisches Gebet um Vergebung

Musik

Sikh:

O Herr, die Welt brennt.
Rette sie durch Deine Gnade.
Erlöse sie, o Herr, wie es Deinem Willen entspricht.
Der wahre Meister hat den Weg zum Frieden
durch Meditation in Gott gezeigt.
Nanak sagt: Außer dem Herrn kenne ich niemanden,
der uns erlösen kann.

O Herr, in Deiner Barmherzigkeit beschütze uns alle.
Schenke uns reichlich Nahrung und Wasser
und entferne alle Not und alles Elend.
Durch Deine Gnade erhörst Du unsere Bitten,
damit Friede und Sättigung überall herrschen.

O Herr, nimm uns in Deine Obhut
und erlöse uns von aller Not.
Nanak sagt: Wenn wir im Namen Gottes meditieren,
erfahren wir alle Glückseligkeit.

O Herr, sei allen gnädig!
Möge es der gesamten Schöpfung wohlergehen!

Aus dem heiligen Buch der Sikh, Gurū Granth Sāhib

Musik

Sprecherin/Sprecher aus der christlichen Ökumene:
Wir rufen zu Gott um Frieden, Heilung und Vergebung.
Wir verbinden unser Gebet mit dem Gebet von Menschen an vielen Orten dieser Welt, die freitags in der Tradition Coventrys beten.
Stimmt ein mit den Worten: Vater vergib!

Sprecherin/Sprecher aus der christlichen Ökumene:
So schreibt Paulus im Brief an die Römer:
Sie sind allesamt Sünder und ermangeln des Ruhmes,
den sie vor Gott haben sollten.

Römer 3,23

Den Hass, der Rasse von Rasse trennt, Volk von Volk,
Klasse von Klasse –

Gemeinde: Vater vergib!

Das habsüchtige Streben der Menschen und Völker

zu besitzen,
was nicht ihr eigen ist –

Gemeinde: Vater vergib!

Die Besitzgier, die die Arbeit der Menschen ausnutzt
und die Erde verwüstet –

Gemeinde: Vater vergib!

Unseren Neid auf das Wohlergehen und Glück der anderen –

Gemeinde: Vater vergib!

Unsere mangelnde Teilnahme an der Not der Heimatlosen
und Flüchtlinge –

Gemeinde: Vater vergib!

Die Sucht nach dem Rausch, der Leib und Leben zugrunde
richtet –

Gemeinde: Vater vergib!

Den Hochmut, der uns verleitet, auf uns selbst zu vertrauen,
nicht auf Gott –

Gemeinde: Vater vergib!

Lehre uns, o Herr, zu vergeben und uns vergeben zu lassen,

dass wir mit dir und miteinander in Frieden leben.
Darum bitten wir um Christi willen.

Seid untereinander freundlich und herzlich und vergebt einer dem andern, wie auch Gott euch vergeben hat in Christus

Epheser 4,32

Sprecherin/Sprecher aus der christlichen Ökumene:

All have sinned and fallen short of the glory of God.
Be kind to one another, tender hearted, forgiving one another,
as God in Christ forgave you.
Amen.

Oder das ganze Gebet wird noch einmal auf Englisch oder strophenweise in anderen Sprachen gesprochen.

Musik

Imam:

Bismi 'llāhi 'r-raḥmāni 'r-raḥīmi.
Im Namen Gottes, des barmherzigen Erbarmers.
Lobpreis sei Gott, dem Herrn der Weltbewohner,
dem barmherzigen Erbarmer,
dem Herrscher am Tag des Gerichts!
Dir dienen wir, dich rufen wir um Hilfe an.
Leite uns den rechten Weg,
den Weg derer, denen du gnädig bist,
nicht derer, denen gezürnt wird,
noch derer, welche irregehn!

Al-Fatiha, Sure 1

Wir hören auf Worte Gottes aus dem Koran:
Bismi 'llāhi 'r-raḥmāni 'r-raḥīmi.
Im Namen Gottes, des barmherzigen Erbarmers.

Und Er ist der Vergebungsbereite, der Liebevolle,
der Herr des Thrones, der Ruhmreiche,
der tun kann, was er will.
Sure 85, 14

Sie sprachen: »Unser Herr!
Wir haben an uns selbst gefrevelt!
Wenn du uns nicht vergibst und dich unser erbarmst,
wahrlich, dann sind wir verlorenen.«
Sure 7, 23

Die Knechte des Barmherzigen sind jene,
die sanftmütig auf Erden wandeln
und die, wenn Unwissende zu ihnen sprechen,
»Frieden!« sagen.
Sure 25,63

Ich bitte dich, Gott, und rufe dich durch deine Namen an:
O du meine Hoffnung im Unglück,
o du Vertreiber meiner Sorgen,
o du meine Stütze im Elend,
o du mein Wegweiser in meiner Unsicherheit,
o du, der du Herzen verwandelst,
o du, der du Herzen erleuchtest,
o du, der du die Herzen heilst,
o du, dem die Herzen vertrauen.

Herr, schenke uns Einsicht und Vernunft in diesen
unsicheren Zeiten.
Schenke uns in unserer Gesellschaft Kraft und
Zusammenhalt
und schütze uns vor Zerrissenheit.
Herr, schenke uns ein Zusammenleben,
in dem Vielfalt geschätzt wird,
so wie wir hier unterschiedlichen Gesängen und Worten lauschen,
ein Zusammenleben in Versöhnung, denn Versöhnung ist das
Beste, heißt es im Koran.
O Herr, gewähre uns ein Zusammenleben
in Freiheit, Respekt, Gerechtigkeit und Geschwisterlichkeit
sowie in Frieden.
Amin.

Musik

Syrisch orthodoxer Geistlicher:

Wir Christen aus dem Osten verurteilen jede Gewalt im Namen Gottes. Wir bitten um Vergebung und Erlösung und tun dies mit den Worten Jesu, mit dem Vaterunser in der Sprache, die er gesprochen hat.

Das Vaterunser wird auf Aramäisch gesungen.

Segen

Liturgin:

Gott will mit uns gehen.
Er will uns zum Frieden führen und uns zu Friedensstiftern machen.
Gehet hin im Frieden des Herrn.

Der Herr segne Dich und behüte Dich.
Der Herr lasse leuchten sein Angesicht über Dir und sei Dir gnädig.
Der Herr erhebe sein Angesicht auf Dich und gebe Dir Frieden [+].

Musik / Lied

6. Zu einer gemeinsamen religiösen Feier mit Schulkindern

Religiöse, weltanschauliche und kulturelle Pluralität gehören zum Lebensalltag an Schulen vor allem in Großstädten. Dies kann mit einem erheblichen Konfliktpotential verbunden sein. Es kann aber auch zu einer eingeübten Kultur der Begegnung mit Andersglaubenden und Andersdenkenden führen, die später eine Grundlage für ein demokratisches Miteinander und ein angst- und gewaltfreies Aushalten von Spannungen bildet. Verhaltensweisen werden gelernt, die helfen können, Perspektivwechsel vorzunehmen, achtsam zu sein und eigene Standpunkte zu reflektieren. Vermeintlich neutrale Sichtweisen und ein säkulares Verdrängen religiöser Vorstellungen und Symbole aus den Schulen im Namen einer falsch verstandenen weltanschaulichen Unabhängigkeit vertiefen oftmals eher Konflikte, weil diese nicht offen sichtbar werden können. Gelebte Religiosität und Erfahrungen mit fremden gottesdienstlichen Vollzügen, in denen andere ihre innersten Überzeugungen zeigen, gehören deshalb hinein in den Schulalltag.

Der Wunsch nach interreligiösen Feiern in der Schule nimmt vor diesem Hintergrund zu. Auf drei Herausforderungen müssen sie reagieren:

1. Sie dürfen keine religiöse Metaebene suggerieren, als seien die verschiedenen Religionen irgendwie doch gleich. Diffuse symbolische und rituelle Überlappungen sind deshalb zu vermeiden.

2. Sie wollen anderseits Segmentierungen von Lebenswelten und Milieus aufbrechen. Sie zielen auf eine wirkliche Öffnung und auf eine wechselseitige Aufmerksamkeit der Kinder und Jugendlichen füreinander in Achtung und Respekt. Das schließt auch diejenigen ein, die sich keiner Religion zuordnen.

3. Es kann nicht um pädagogische Religions- oder Wertevermittlung gehen. Diese Gefahr ist groß, und sie kann das wirkliche Miteinander im Gebet nachhaltig beeinträchtigen. Wer Gottesdienst oder Gebet zu eigentlich anderen Zwecken vereinnahmt, zerstört deren innere Kraft und Glaubwürdigkeit.

Methodische und didaktische Distanz, die sonst im Religionsunterricht wertvoll ist, darf gemeinsame religiöse Feiern nicht bestimmen, denn es geht um wirkliches Gebet, um gelebte spirituelle Praxis. Grundsätzlich gilt: Wir feiern nicht unsere eigene Liberalität, sondern in unterschiedlichen und einander auch widersprechenden Zugängen zusammen mit Kindern das Geheimnis Gottes.

Auch und gerade bei Jugendlichen, die unterschiedlich religiös sozialisiert sind, muss man darüber hinaus auch mit erheblichen Ressentiments gegenüber anderen Religionsvollzügen rechnen. Jugendliche entwickeln ihre eigenen Weltzugänge und weltanschaulichen Identitäten in Angleichung und Auseinandersetzung mit Kontexten, in die sie eingebettet sind oder die ihnen Klarheit geben. Sie können auf Verunsicherungen, die andere religiöse Vorstellungswelten für sie bedeuten, mit Rückzug oder gar offensiver Ablehnung reagieren.

Wir stellen hier eine einfache Feier in einer Kirche unter Beteiligung eines Imams und eines Rabbiners/einer Rabbinerin vor.

Die Struktur folgt einem christlichen Wortgottesdienst. Gleichberechtigt und deutlich unterschieden werden jüdische und islamische Elemente einbezogen.

Liturgischer Entwurf:

Gemeinsame religiöse Feier mit Schulkindern in einer Kirche zum Thema Frieden

Glockengeläut

Eröffnung

Musik [und Einzug in die Kirche]

Friedensgruss

Sprecherin:

Wir beginnen das Schuljahr [oder einen anderen Anlass], indem wir uns Frieden wünschen. Eine Christin und evangelische Pfarrerin, ein Jude und Rabbiner, ein Muslim und Imam sprechen uns allen zu Beginn den Frieden Gottes zu. Unter uns sind Kinder, die sich zum Christentum oder zum Islam oder zum Judentum bekennen. Sie antworten auf ihre Weise. Unser Friedenswunsch schließt auch alle ein, die anders glauben oder gar keiner Religion angehören.

Die Religionsvertreter erläutern kurz ihre Grußformen und sprechen sie dann. Die Schülerinnen und Schüler antworten.

Rabbinerin / Rabbiner:

Wir Juden grüßen uns und wünschen Frieden mit dem Wort *Schalom alechem.*

Jüdische Schülerinnen und Schüler:

Alechem Schalom.

Imam:

Wir Muslime begrüßen uns und wünschen Frieden mit den Worten *Salam aleikum.*

Muslimsiche Schülerinnen und Schüler:

Aleikum as-salam.

Pfarrerin / Pfarrer:

Wir Christen sprechen im Gottesdienst einen Friedengruß. Wir wünschen uns Frieden, und das heißt auch: Wir stehen ein für Frieden, wie es Jesus Christus uns vorgelebt hat. Ich sage / ich singe: Friede sei mit Euch. Die Gemeinde antwortet: Und mit deinem Geist. Lasst uns das jetzt so tun...
Friede sei mit euch!

Christliche Schülerinnen und Schüler:

Und mit deinem Geist.

Musik

Verkündigung

Gebet

Pfarrerin / Pfarrer:

Wir beten zu Gott, der uns alle erschaffen hat und liebt und mit uns geht. Er schenkt uns Frieden und bewegt uns zum Frieden.
Lasst uns mit Worten der verschiedenen Religionen beten. Zuerst beten die Juden unter uns mit dem Rabbiner, dann die Muslime mit dem Imam, dann die Christen mit mir:

Rabbinerin / Rabbiner:

Möge es vor dir wohlgefällig sein,
Ewiger, unser Gott
und Gott unserer Vorfahren,
dass du die Welt von Krieg
und Blutvergießen befreist
und stattdessen einen großen
und wunderbaren Frieden
in der Welt verbreitest,
dass keine Nation mehr
das Schwert gegen eine andere
Nation erhebt und
keine Nation mehr den Krieg lernt.
Mögen alle Bewohner der Erde
nur die volle Wahrheit
anerkennen und um sie wissen,
dass wir in diese Welt nicht

um des Haders und der Zwietracht
willen gekommen sind –
wovor Gott bewahre –
und nicht um des Hasses,
der Eifersucht, der Aufreizung
und des Blutvergießens willen,
was Gott verbiete.
Vielmehr sind wir in
die Welt gekommen,
um dich anzuerkennen
und dich zu kennen.
Mögest du gepriesen sein für immer.

Imam:

Allahumma antas-salamu wa minkas-salam	O Allah, du bist der Friede, und der Friede ist von dir.
tabarakta jadsa-l-dschalali wa-l-ikram	Gesegnet bist du, o Herr der Erhabenheit und Ehre.
subhan-allah (33 mal)	Preis sei Allah!
al-hamdu-lilah (33 mal)	Lob sei Allah!
Allahu akbar (33 mal)	Allah ist der Allergrößte!
Allahumma a‘inni ‘ala dsikrika wa schukrika wa husni ‘ibadatik	O Allah, hilf mir, mich deiner zu erinnern, dir zu danken und dir aufs Beste zu dienen.

Pfarrerin/Pfarrer:

Barmherziger Gott,
nicht dass wir immer recht haben, ist wichtig,
sondern, dass wir ehrlich sind und friedlich
und die Meinung der anderen akzeptieren.
Hilf uns,
dass wir einander ernst nehmen
und aufstehen gegen Gewalt und Lüge.
Dann kann Frieden werden.
Dazu gib uns Kraft und Mut.
Amen.

Musik/Lied

Lesungen

Eine jüdische Schülerin/ein Schüler liest einen Prophetentext oder einen Text aus der Überlieferung. Z.B.:

אוְּה אָשִׂנְו סי֗רָהֶה שׂאֹרְב֙וֹכָנ הְוהְי־תיֵּב רַה הֶ֗יְהְי סי֨מָיַּה תיִ֯רֲחאַ֯ב ׀ הָיָהְו
סיִֽמַע וי֨לָע וְּרֲהָנְו תוֹ֯עָבְגִּמ:

Geschehn wirds in der Späte der Tage:
der Berg SEINES Hauses ist festgegründet
zuhäupten der Berge,
er ist über alle Hügel erhaben,
auf ihn zu werden Völker strömen,

בֹ֯קֲעַי יֵ֯הֹלֱא֙ תיֵּב־לֶ֯אְו הָ֯והְי־רַה־לֶא הֶ֯לֲעַנְו ׀ וּכְל֗ ורְמָאְו סי֗בַּר סִ֯יוֹג וּ֯כְלָהְו
סָ֯לָשוּרִיְמ הָ֯והְי־רַבְדוּ הָ֯רוֹת אֵצֵ֯ת֙ ווּיִּצִּמ יִּ֯כ ויָ֯תֹחְרֹאְב הָ֯כְלֵנְו וי֗כָרְּדִמ֙ ונֵ֯רוִֹיְו:

hingehn Stämme in Menge,
sie werden sprechen:
»Lasst uns gehen, aufsteigen
zu SEINEM Berg
und zum Haus von Jaakobs Gott,
daß er uns weise in seinen Wegen,
daß auf seinen Pfaden wir gehen!
Denn Weisung fährt von Zion aus,
von Jerusalem SEINE Rede.«

וְשָׁפַט בֵּין עַמִּים רַבִּים וְהוֹכִיחַ לְגוֹיִם עֲצֻמִים עַד־רָחוֹק וְכִתְּתוּ חַרְבֹתֵיהֶם
לְאִתִּים וַחֲנִיתֹתֵיהֶם לְמַזְמֵרוֹת לֹא־יִשְׂאוּ גּוֹי אֶל־גּוֹי חֶרֶב וְלֹא־יִלְמְדוּן עוֹד מִלְחָמָה:

Richten wird er dann zwischen der Völkermenge,
ausgleichen unter mächtigen Stämmen
bis in die Ferne hin:
ihre Schwerter schmieden zu Karsten sie um,
ihre Speere zu Winzerhippen,
nicht heben sie mehr Stamm gegen Stamm das Schwert,
nicht lernen sie fürder den Krieg,

וְיָשְׁבוּ אִישׁ תַּחַת גַּפְנוֹ וְתַחַת תְּאֵנָתוֹ וְאֵין מַחֲרִיד כִּי־פִי יְהוָה צְבָאוֹת דִּבֵּר:

sondern sie sitzen
jedermann unter seinem Rebstock,
unter seinem Feigenbaum,
und keiner scheucht auf,
denn SEIN, des Umscharten, Mund hat geredet.

Micha 4,1–4, verdeutscht von Martin Buber und Franz Rosenzweig

Eine christliche Schülerin/ein Schüler liest einen Bibeltext oder erzählt eine biblische Geschichte. Z.B.:

Wir hören, wie Jesus auf einem Berg vom Frieden predigte. Er nannte Menschen glücklich, selig – und hatte andere im Blick, als man denken könnte:

Als Jesus aber das Volk sah, ging er auf einen Berg. Und er setzte sich, und seine Jünger traten zu ihm. Und er tat seinen Mund auf, lehrte sie und sprach:
Selig sind, die da geistlich arm sind; denn ihrer ist das Himmelreich.
Selig sind, die da Leid tragen; denn sie sollen getröstet werden.
Selig sind die Sanftmütigen; denn sie werden das Erdreich besitzen.
Selig sind, die da hungert und dürstet nach Gerechtigkeit; denn sie sollen satt werden.
Selig sind die Barmherzigen; denn sie werden Barmherzigkeit erlangen.
Selig sind, die reinen Herzens sind; denn sie werden Gott schauen.
Selig sind, die Frieden stiften; denn sie werden Gottes Kinder heißen.
Selig sind, die um der Gerechtigkeit willen verfolgt werden; denn ihrer ist das Himmelreich.
Selig seid ihr, wenn euch die Menschen um meinetwillen schmähen und verfolgen und allerlei Böses gegen euch reden und dabei lügen. Seid fröhlich und jubelt; es wird euch im Himmel reichlich belohnt werden. Denn ebenso haben sie

verfolgt die Propheten, die vor euch gewesen sind.

Matthäus 5, 1–12

Eine muslimische Schülerin/ein Schüler rezitiert einen Korantext. Z.B.:

Die glaubten und gute Werke taten, die werden in Gärten geführt,
unter denen Bäche fließen; ewig weilen sie dort,
mit der Erlaubnis ihres Herrn.
Sie begrüßen sich darin mit: »Friede!«

Sure 14, 23

Oder

Bis auf die, die umkehren, glauben und Gutes tun:
Die gehen in den Paradiesgarten ein,
und ihnen wird kein Unrecht angetan –
die Gärten Eden,
die der Erbarmer seinen Knechten insgeheim verheißen hat.
Siehe, seine Verheißung trifft ein!
Sie hören dort kein Geschwätz, nur »Friede!«
Was sie brauchen, kommt zu ihnen, am Morgen und am Abend.

Sure 19, 60–62

Musik

Predigt

In drei Kurzpredigten zum Thema oder in kurzen Auslegungen zu den gelesenen Texten kommen Pfarrerin bzw. Pfarrer, Rabbinerin bzw. Rabbiner und Imam gleichberechtigt zu Wort.

Sendung/Segnung

Fürbitten

Pfarrerin / Pfarrer:

Lasst uns miteinander für Frieden in dieser Welt beten. Das tun wir Seite an Seite als Juden, Christen und Muslime.

Christliche Schülerin / Christlicher Schüler:

Gott, wir bitten dich für alle Schülerinnen und Schüler,
die für Schalom, Salam, für den Frieden eintreten
und Versöhnung suchen, wo Streit ist.
Schenke ihnen Kraft und Ausdauer.
Stärke ihr Vertrauen,
dass du an ihrer Seite stehst.

Muslimische Schülerin / Muslimischer Schüler:

Barmherziger und Beschützer,
wir bitten dich um Glück und Segen für unsere Stadt,
in der wir gemeinsam leben und beten.
Wir bitten für alle Menschen und ihre Glaubensgemeinschaften,
für unsere Freunde, Familien, Gäste und für die Flüchtlinge.

Jüdische Schülerin / Jüdischer Schüler:

Ewiger, du bist unser Frieden.
Wir bitten dich um Frieden unter uns und in anderen Ländern der Welt.
Lass Frieden unter uns sein,
lass Frieden werden zwischen den Menschen,
die täglich von Gewalt bedroht sind.
Wir bitten dich für die Menschen,
die Angst und kein Dach über dem Kopf haben
und die im Krieg um ihr Leben fürchten.

Schülerin / Schüler:

Gott, wir bitten dich für alle Menschen,
die unter Hunger leiden.
Wir bitten dich für ihre Unterstützer und Helfer.
Lass sie immer wieder neu aufstehen trotz der Rückschläge
und im Angesicht der schlimmen Not.

Pfarrerin / Pfarrer:

Gnädiger Gott,
wir beten in unterschiedlichen Glaubenstraditionen,
wir teilen die Hoffnung auf Frieden und darauf,
dass du unsere Bitten erhörst.
Nimm unser Bitten an und sei du unser Friede.

Mit Jesu Worten beten wir Christen:

Vater unser im Himmel,
geheiligt werde dein Name.
Dein Reich komme.

Dein Wille geschehe, wie im Himmel so auf Erden.
Unser tägliches Brot gib uns heute.
Und vergib uns unsere Schuld,
wie auch wir vergeben unsern Schuldigern.
Und führe uns nicht in Versuchung, sondern erlöse uns von dem Bösen.
Denn dein ist das Reich und die Kraft und die Herrlichkeit in Ewigkeit.
Amen.

Musik

Segen

Pfarrerin/Pfarrer:

Geht hin,
geht hinaus in die Zeit, die vor uns liegt
im Frieden des Herrn.

Imam:

Im Namen Gotte, des barmherzigen Erbarmers.
Beim Nachmittag!
Siehe, der Mensch ist wahrlich in Verlorenheit,
nur die nicht, welche glauben und gute Werke tun,
einander zur Wahrheit ermuntern
und zum Geduldigsein ermuntern.

Sure 103

Pfarrerin/Pfarrer:

Der HERR segne dich und behüte dich.

Der HERR lasse leuchten sein Angesicht über dir und sei
dir gnädig.
Der HERR erhebe sein Angesicht auf dich
und schenke dir (+) Frieden.

Die Rabbinerin/der Rabbiner spricht den Aaronitischen Segen auf Hebräisch.

Musik [und Auszug aus der Kirche]

7. Einleitung zur liturgischen Gastfreundschaft

Einen Gast zu empfangen, bedeutet, die Fremde ins eigene Haus zu holen - ohne größere Angst und in Neugier und in der Erwartung, das Eigene in der Begegnung tiefer zu verstehen. Für Religionen, die mit der radikalen Fremde Gottes rechnen, ist Gastfreundschaft mehr als eine ethische Maßgabe. Sie betrifft den Kern der religiösen Existenz. Darum stellt Gastfreundschaft auch einen Ernstfall jenes Nehmens und Gebens, jener Atembewegung dar, in der christliche Gemeinschaften zu sich selbst finden. Denn sie können sich selbst nie genug sein, erwarten und erhoffen sie doch die eigene Identität von Gott her, der auf sie zukommt. »Vergesst die Gastfreundschaft nicht; denn durch sie haben einige, ohne es zu wissen, Engel beherbergt« - diese spirituelle Erkenntnis aus dem Hebräerbrief 13,2 ist darum nicht nur eine Metapher, sondern die Beschreibung einer christlichen Lebensweise.

Zugleich bedeutet Gastfreundschaft jedoch keineswegs die Relativierung von Grenzen. Riten der Höflichkeit in allen Kulturen markieren eine Öffnung - und zugleich eine genaue Bestimmung und Beschränkung der Rolle des Gastes. Es geht um Begegnungen, die einen sicheren eigenen Ort voraussetzen.

In liturgischer Gastfreundschaft wird die Einladung zur Teilnahme an einer gottesdienstlichen Feier an die Vertreterinnen und Vertreter einer anderen Religion ausgesprochen. Die Ritualpraxis der einladenden Religion gibt den Rahmen und die Form der Feier vor. Dazu gehört auch der jeweilige sakrale Raum mit seinen Symbolen und seiner architektonischen Semantik. Die

Gäste aus den anderen Religionen nehmen, wenn sie die Einladung akzeptieren, teil – und dabei verwandelt sich die Feier. Es wird das Selbstverständnis der Gastgeber und Gäste gleichermaßen befragt. Man nimmt Rücksicht auf den Gast, ist rituell höflich. Zugleich wird Befremdung nicht ausgeklammert. Wer als Gast an der gelebten Glaubenspraxis einer anderen Religion teilnimmt, gerät tief hinein in deren Geheimnisse – das setzt beiderseitiges Vertrauen voraus. Von Gast und Gastgeber werden Behutsamkeit und eine rücksichtsvolle Angemessenheit erwartet. Aber auch Grenzen der Gastfreundschaft können, ehrerbietig und höflich artikuliert, dazugehören.

Der biblischen Tradition entsprechend, gilt es großzügig zu sein – im Aussprechen und im Annehmen von Einladungen. Gastgeberinnen und Gastgeber werden mit Zumutungen für den Gast vorsichtig sein, diesen nicht vor den Kopf stoßen. Sie werden gut für ihre Gäste sorgen, ihnen im wahrsten Sinn des Wortes »gute Plätze« und »bekömmliche Kost« anbieten. Sie werden aber auch nicht dessen Wünsche zu kopieren versuchen. Als Gast hingegen rechnet man mit Befremdung und bemüht sich um Respekt. So wird ein Christ in einem muslimischen Gebetsraum die Schuhe ausziehen oder in der Synagoge den Kopf bedecken. Anderseits müssen und dürfen wir im christlichen Kontext nicht auf christologische oder trinitätstheologische Symbole und Formeln verzichten.

Wird liturgische Gastfreundschaft bezogen auf die Hochfeste einer Religion ausgesprochen, gilt das hier Benannte in besonderer Weise. Hier stellen wir eine evangelische Christvesper in liturgischer Gastfreundschaft vor, die in vielen Formulierungen zurückgeht auf eine vom House-of-One-Team im Jahr 2020 in einer online-Version gestalteten Feier.

Liturgischer Entwurf:
Weihnachten gefeiert in liturgischer Gastfreundschaft

Eröffnung

Begrüßung und Einzug

Die Feiernden versammeln sich vor der Kirche. Die Pfarrerin/der Pfarrer, der Rabbiner und der Imam tragen liturgische Kleidung.

Liturgin/Liturg:
Liebe Gemeinde,
unsere Christvesper feiern wir zusammen mit dem Rabbiner / der Rabbinerin N.N. und dem Imam N.N. Heute, am Heiligen Abend, sind sie unsere Gäste. Gemeinsam mit ihnen und allen Mitwirkenden ziehen wir zur Feier der Christvesper in unsere Kirche ein.

Die Gemeinde zieht unter Glockengeläut in die halbdunkle, mit Kerzen erleuchtete Kirche ein.

Musik

Votum und Gebet

Liturgin:

Im Namen Gottes des Vaters, des Sohnes und des Heiligen Geistes.

Gemeinde:

Amen.

Liturgin:

Als es still wurde, wohl zu der halben Nacht, da geschah es: Gott wurde als Mensch geboren, und Menschen machten sich auf und wollten sehen, was da geschah. Das wollen wir heute auch.

Liturg:

Herzlich willkommen, liebe Gemeinde!
Willkommen heißen wir unsere jüdischen und muslimischen Geschwister. Willkommen heißen wir alle, unabhängig von ihrem Glauben oder ihrer Herkunft, von ihrer Zuversicht oder ihren Zweifeln. Es ist gut, dass Sie da sind und mit uns diesen Abend begehen wollen.

Liturgin:

Lasst uns beten:

Du unser Gott, wir feiern Weihnachten, die Geburt deines Sohnes.
So sehr liebst du uns, dass du Mensch wurdest.
Berühre unsere Herzen,
dass wir uns dir öffnen können.
Heile unser verwundetes Leben und hilf uns,

deine Liebe weiterzuschenken.
Dir sei Lob in Ewigkeit.

Gemeinde:
Amen.

Verkündigung

Lesungen

Lektorin / Lektor:
Die Geburt Jesu wird in den Evangelien erzählt. Jesus wird als Jude unter Juden geboren. Er lebte als Jude wie Maria und Josef und später seine Jünger. Christen kennen und ehren die jüdischen heiligen Schriften. Sie glauben, dass die Propheten bereits auf Jesu Geburt und Weg hinwiesen.

Wir hören eine Weissagung aus dem Buch des Propheten Jesaja im neunten Kapitel:

Das Volk, das im Finstern wandelt, sieht ein großes Licht, und über denen, die da wohnen im finstern Lande, scheint es hell. Du weckst lauten Jubel, du machst groß die Freude. Vor dir freut man sich, wie man sich freut in der Ernte, wie man fröhlich ist, wenn man Beute austeilt. Denn du hast ihr drückendes Joch, die Jochstange auf ihrer Schulter und den Stecken ihres Treibers zerbrochen wie am Tage Midians. Denn jeder Stiefel, der mit Gedröhn dahergeht, und jeder Mantel, durch Blut geschleift, wird verbrannt und vom Feuer verzehrt.

Denn uns ist ein Kind geboren, ein Sohn ist uns gegeben, und die Herrschaft ist auf seiner Schulter; und er heißt Wunder-Rat, Gott-Held, Ewig-Vater, Friede-Fürst; auf dass seine Herrschaft groß werde und des Friedens kein Ende auf dem Thron Davids und in seinem Königreich, dass er's stärke und stütze durch Recht und Gerechtigkeit von nun an bis in Ewigkeit. Solches wird tun der Eifer des HERRN Zebaoth.

Begrüßung Jesaja 9,1–6

Liturgin:

Für unsere jüdischen Geschwister erzählt dieser Text vom Kommen des Messias. Sie warten auf den Messias, während Christinnen und Christen heute seine Geburt erinnern und auf seine Wiederkehr hoffen. Der Rabbiner hat uns Gedanken zum Kommen des Messias mitgebracht und liest uns zunächst den Text auf Hebräisch, in der Sprache also, in der er geschrieben wurde.

Die Rabbinerin/der Rabbiner rezitiert den vorangegangenen Text auf Hebräisch und spricht eine kurze Auslegung.

Musik/Lied

Lektorin/Lektor:

Hört die Weihnachtsgeschichte, wie sie aufgeschrieben ist im Evangelium nach Lukas im 2. Kapitel:
Es begab sich aber zu der Zeit, dass ein Gebot von dem Kaiser Augustus ausging, dass alle Welt geschätzt würde. Und diese Schätzung war die allererste und geschah zur Zeit, da Quirinius Statthalter in Syrien war. Und jedermann ging, dass er

sich schätzen ließe, ein jeglicher in seine Stadt.
Da machte sich auf auch Josef aus Galiläa, aus der Stadt Nazareth, in das jüdische Land zur Stadt Davids, die da heißt Bethlehem, darum dass er von dem Hause und Geschlechte Davids war, auf dass er sich schätzen ließe mit Maria, seinem vertrauten Weibe; die war schwanger. Und als sie daselbst waren, kam die Zeit, dass sie gebären sollte. Und sie gebar ihren ersten Sohn und wickelte ihn in Windeln und legte ihn in eine Krippe; denn sie hatten sonst keinen Raum in der Herberge.

Musik/Lied

Und es waren Hirten in derselben Gegend auf dem Felde bei den Hürden, die hüteten des Nachts ihre Herde. Und des Herrn Engel trat zu ihnen, und die Klarheit des Herrn leuchtete um sie; und sie fürchteten sich sehr. Und der Engel sprach zu ihnen: Fürchtet euch nicht! Siehe, ich verkündige euch große Freude, die allem Volk widerfahren wird; denn euch ist heute der Heiland geboren, welcher ist Christus, der Herr, in der Stadt Davids. Und das habt zum Zeichen: Ihr werdet finden das Kind in Windeln gewickelt und in einer Krippe liegen. Und alsbald war da bei dem Engel die Menge der himmlischen Heerscharen, die lobten Gott und sprachen: Ehre sei Gott in der Höhe und Friede auf Erden bei den Menschen seines Wohlgefallens.

Musik/Lied

Liturgin / Liturg:

Die Geburt Jesu hat viele Bedeutungen. Unsere Gäste haben uns Geschenke mitgebracht:
Texte aus ihren Glaubenstraditionen, die in eigener Weise von Jesu Geburt erzählen.

Imam:

Auch wir Muslime ehren Jesus, aber im Unterschied zu den Christen nicht als Sohn Gottes sondern wie Mohammed als Propheten. So wird auch im Koran ausführlich von Jesu Geburt berichtet. Ich lese und rezitiere aus dem Koran, Sure 3:

Damals, als die Engel sprachen: »O Maria!
Siehe, Gott hat dich erwählt und rein gemacht –
er erwählte dich vor allen Frauen in der Welt.
Maria, sei dem Herrn demütig ergeben,
wirf dich nieder, und neige dich mit dem sich Neigenden!«
Dies ist eine der verborgenen Geschichten –
dir offenbaren wir sie.
Du warst nicht bei ihnen, als sie ihre Lose warfen,
wer nun von ihnen Pfleger für Maria sei!
Damals, als die Engel sprachen: »O Maria!
Siehe, Gott, verkündet dir ein Wort von sich.
Sein Name sei: ›Christus Jesus, Sohn der Maria‹.
Er soll im Diesseits und im Jenseits angesehen sein
und einer von den Nahestehenden
– zu den Menschen wird er sprechen
in der Wiege und als reifer Mann –
und einer von den Rechtschaffenen.«

Sie sprach: »Mein Herr, wie soll ich denn ein Kind empfangen,
wo mich ein menschliches Wesen nie berührt?«
Er sprach: »So ist Gott. Er schafft, was er will!
Beschließt er eine Sache, so spricht er nur zu ihr:
›Sei!‹ Und dann ist sie.«
Lehren wird er ihn das Buch, die Weisheit, das Gesetz und auch das Evangelium.

Sure 3,42–48

وَإِذْ قَالَتِ الْمَلَائِكَةُ يَا مَرْيَمُ إِنَّ اللَّهَ اصْطَفَاكِ وَطَهَّرَكِ وَاصْطَفَاكِ عَلَىٰ نِسَاءِ الْعَالَمِينَ
يَا مَرْيَمُ اقْنُتِي لِرَبِّكِ وَاسْجُدِي وَارْكَعِي مَعَ الرَّاكِعِينَ
ذَٰلِكَ مِنْ أَنبَاءِ الْغَيْبِ نُوحِيهِ إِلَيْكَ
وَمَا كُنتَ لَدَيْهِمْ إِذْ يُلْقُونَ أَقْلَامَهُمْ أَيُّهُمْ يَكْفُلُ مَرْيَمَ وَمَا كُنتَ لَدَيْهِمْ إِذْ يَخْتَصِمُونَ
إِذْ قَالَتِ الْمَلَائِكَةُ يَا مَرْيَمُ إِنَّ اللَّهَ يُبَشِّرُكِ بِكَلِمَةٍ مِّنْهُ اسْمُهُ الْمَسِيحُ عِيسَى ابْنُ مَرْيَمَ
وَجِيهًا فِي الدُّنْيَا وَالْآخِرَةِ وَمِنَ الْمُقَرَّبِينَ
وَيُكَلِّمُ النَّاسَ فِي الْمَهْدِ وَكَهْلًا وَمِنَ الصَّالِحِينَ
قَالَتْ رَبِّ أَنَّىٰ يَكُونُ لِي وَلَدٌ وَلَمْ يَمْسَسْنِي بَشَرٌ   قَالَ كَذَٰلِكِ اللَّهُ يَخْلُقُ مَا يَشَاءُ
إِذَا قَضَىٰ أَمْرًا فَإِنَّمَا يَقُولُ لَهُ كُن فَيَكُونُ
وَيُعَلِّمُهُ الْكِتَابَ وَالْحِكْمَةَ وَالتَّوْرَاةَ وَالْإِنجِيلَ

Der Imam kann die Worte kurz auslegen.

[Ein Beispiel aus dem *House of One:*

Jesus wird in diesem Abschnitt als das »Wort Gottes« bezeichnet. Diese ehrenvolle Bezeichnung gebührt ihm allein unter allen islamischen Propheten. Dies rührt daher, dass er in wundersamer Weise ohne Vater erschaffen wurde, nur mit dem Wort und der Schöpfungsmacht Gottes:

»Sei und es ist.«
Ebenso wird er hier als einer der »Rechtschaffenen« benannt. Dies, weil er in seinem Wirken insbesondere für Gerechtigkeit, Solidarität und die Fürsorge für Bedürftige einstand. Muslime erinnern sich dieser Tage an Jesu und seine Mutter Maria (Friede sei mit ihnen). Jesus kommt zur Welt, weil eine Mutter existiert, die liebevoll auf seine Ankunft wartet: Maria. Die zärtliche Fürsorge einer Mutter empfängt dieses Kind. Maria schenkt ihm wirkliche Liebe, Zuneigung und eine Zukunft.
Es lohnt sich, darüber nachzudenken: Wie sehr vermissen wir in unserer Welt die Zärtlichkeit? Die Herzlichkeit von Worten, Gesten und Zuneigung, denn nur in der Wärme und Zärtlichkeit von Gesten und Worten und in Zuneigung kann Neues entstehen und eine Zukunft wachsen.
Für uns Muslime gilt Jesu als ein ehrenvoller Wegweiser der Gläubigen an dessen Wirken wir uns stets erinnern. Möge seine Botschaft des Friedens, der Zuneigung und Gerechtigkeit in uns und in unserer so verletzlichen und zerrissenen Welt Widerhall finden. Amin.]

Musik / Lied

Predigtimpuls

Musik / Lied

Sendung / Segnung

Fürbitten

Imam:

Wir wünschen unseren christlichen Geschwistern und allen Menschen frohe Weihnachten. Wir bitten mit Ihnen um Freude, die sich ausbreitet, um Trost für die Traurigen, um Hoffnung für die Unglücklichen.

Rabbiner:

Wir wünschen unseren christlichen Geschwistern und allen Menschen ein frohes, friedliches Fest. Wir bitten mit Ihnen um Gerechtigkeit für die Armen, für die Menschen ohne Heimat und für die ohne Obdach.

Liturgin:

Lasst uns beten:

Unsere Weihnachtswünsche bringen wir vor dich, Gott:
Dass Frieden auf Erden werde, Frieden zwischen den Völkern und Religionen,
Frieden unter Nachbarn, Friede in den Familien.

Liturg:

Unsere Weihnachtswünsche bringen wir vor dich, Gott:
Schenke uns Zeit, gib uns Ruhe.
Lass uns hören,
lass uns feiern, dass Du, Gott, Mensch geworden bist.

Liturgin:

Lass uns weitergehen,
weitersuchen,
bis dein Geheimnis, Gott,
uns erfüllt
und deine Liebe uns ganz umfängt und durchdringt.

Liturg:

Mit den Worten Jesu beten wir:

Vater unser im Himmel,
geheiligt werde dein Name.
Dein Reich komme.
Dein Wille geschehe, wie im Himmel so auf Erden.
Unser tägliches Brot gib uns heute.
Und vergib uns unsere Schuld,
wie auch wir vergeben unsern Schuldigern.
Und führe uns nicht in Versuchung,
sondern erlöse uns von dem Bösen.
Denn dein ist das Reich und die Kraft und die Herrlichkeit in Ewigkeit.

Gemeinde:

Amen.

Imam:

Bismi ʾllāhi ʾr-raḥmāni ʾr-raḥīmi.
Im Namen Gottes, des barmherzigen Erbarmers.

بِسْمِ اللهِ الرَّحْمَـٰنِ الرَّحِيمِ
وَالعَصْرِ

إِنّ الإنسَانَ لفِي خُسْرٍ
إلّا الذِينَ آمَنُوا وَعَمِلوا الصَّالِحَاتِ وَتَوَاصَوْا بِالحَقِّ وَتَوَاصَوْا بِالصَّبْرِ

Beim Nachmittag!
Siehe, der Mensch ist wahrlich in Verlorenheit,
nur die nicht, welche glauben und gute Werke tun,
einander zur Wahrheit ermuntern
und zum Geduldigsein ermuntern.

Sure 103

Oder

اللَّهُمَّ أَنْتَ السَّلَامُ وَمِنْكَ السَّلَامُ تَبَارَكْتَ يَا ذَا الْجَلَالِ وَالإِكْرَامِ

O Gott, Du bist der Friede. Von Dir kommt der Friede.
Gelobt seiest Du in Deiner Erhabenheit und Güte.
Amin.]

Ausgang und Segen

Liturgin / Liturg:

Wenn wir jetzt auseinandergehen,
dann vertraut der Liebe Gottes – sie ist in euch.
Wir tragen sie weiter und erbitten Segen:

Der HERR segne dich und behüte dich.
Der HERR lasse leuchten sein Angesicht über dir und
sei dir gnädig.
Der HERR erhebe sein Angesicht auf dich
und schenke dir (+) Frieden.

Die Rabbinerin oder der Rabbiner können den Aaronitischen Segen hier auch auf Hebräisch sprechen.

Musik / Lied

Christian Lehnert

Atem.
Gedanken zum Ausblick

Im Anfang ist der Atem. Wo immer sich ein Innenraum bildet, eine Identität oder Eigenheit, wird auch ein Umraum beschrieben und eine Grenze gerät in den Blick, eine Membran und Haut. Außen, das Fremde ist konstitutiv für das Innere – und so ist der Atem der erste und grundlegende Akt des Lebens, des Daseins in der Welt. Atmend sind wir lebendig. Zu atmen aber ist niemandes Können oder Fähigkeit. Der Atem ist immer schon da. Er ist erste Handlung und erste Widerfahrnis jeden Lebewesens. Mein Atem kommt aus mir, und zugleich bin ich in ihm, er geschieht unwillentlich, ist kaum zu steuern, ein fremder Impuls. Zugleich ist er meine innerste Lebenskraft seit dem ersten Schrei, aber diese steht mir nicht zur Verfügung, durchzieht mich als ein Wehen, das ich nicht mein Eigen nennen kann und das mich doch bildet und erhält. Atem holt Fremdes nach innen und lässt Inneres verströmen, doch löst sich der Atmende dabei nicht auf, verliert sich nicht, sondern findet erst seine Gestalt in rhythmischer Bewegung, eine Balance im Fließen. Im Atem erscheint die transzendentale Offenheit allen Lebens; was immer lebt, hat seinen Anfang außerhalb seiner selbst, und es ist nie völlig abzugrenzen, nie ganz bei sich.

Atem ist eine biologische Bedingung, Lebensvollzug – aber er ist auch eine geistige Gegebenheit. Auch Verstehen ist Atem, auch kulturelle und religiöse Identitäten sind Atmungsvorgänge. Wer wir sind, sind wir unter bestimmten Umständen geworden. Unsere Augen und Sinne gehören in eine Zeit und einen kulturellen Umraum, die uns manches deutlich zeigen und anderes verbergen.

Dies sind vielleicht selbstverständliche, doch oftmals vergessene Bedingungen in der Begegnung von Religionen. Religionen haben mehrdimensionale Grenzen. Sie verstehen sich als Behausungen im Niemandsland einer letzten Grenze, der zwischen Welt und ihrer Transzendenz (genau müsste man dies im Plural formulieren und von den »Transzendenzen« sprechen, denn jede Überschreitung, und darum handelt es sich im lateinischen Wortsinn, *transcendere,* hat einen konkreten Ausgangspunkt im Hier und Jetzt und bildet sich nur von dort her, als ein Ausblick und Ausschreiten). Zugleich sind ihre Riten und Vorstellungswelten im steten Austausch mit anderen Weltanschauungen geworden, sie sind eingebettet. Religionen kennzeichnet eine prekäre innere Gegenbewegung: Sie bilden fortwährend in kulturell kreativer Form und im Austausch mit anderen ihr Selbstverständnis. Man könnte sagen: Sie bilden sich ihre »Gottheit«. Martin Luther konnte das, rhetorisch überspitzt, einmal als den Kern der religiösen Existenz identifizieren: »Fides creatrix divinitatis«, schrieb er, der Glaube ist der Schöpfer der Gottheit[1]. Jeder Glaubende, könnte man sagen, dichtet und bildet sich seinen Gott, seine Gottesvorstellung. »Gott«, das ist eine riesige Galerie von Bildern, die so viel sichtbar macht, wie sie verbirgt. Denn zugleich fühlen sich religiöse Menschen ergriffen, erfasst von radikaler Fremde, vollkommen passiv in dem, was sie dann sagen und denken, denn etwas jenseits allen Verstehens ereignet sich. Jeder Ausdruck dafür ist unvollkom-

1 Martin Luther, Werke, Kritische Gesamtausgabe (WA), 40. Band, Hermann Böhlaus Nachfolger, Weimar, 1911, S. 360.

men, relativ, brüchig – und doch enthält er das letzte Geheimnis, als Wink, als Ahnung.

Im Gespräch zwischen Religionen ist diese doppelte Bewegung immer spürbar: In der Begegnung mit dem Fremden wird das Bewusstsein für das Eigene geschärft, wird Identität bestimmt und werden Prägungen erkennbar. Zugleich erscheint ein Raum, der hinter allen Bildern und Gedanken, allen Riten und Traditionen aufbricht, kein umschriebener Raum, ein Sog, der über das hinausgreift, was wir sind und wo wir uns abgrenzen. Dieser Raum ist nicht »für sich« da, nicht unter Absehung der konkreten Wege in ihn hinein vorhanden, er bildet nichts Drittes, Abstraktes, kein den verschiedenen Religionen vor- oder übergeordnetes allgemeines Verständnis. Er ist eine Energie, die nur in konkreten Formen erfahrbar ist. Die Tatsache einer gemeinsamen Beunruhigung und Verstörung, einer radikalen Befremdung, wie sie das Wort »Gott« impliziert, führt nicht in Grauzonen, sondern hinein in die Schärfung des Bewusstseins für den eigenen Ort. Deshalb behindert vor allem zweierlei das Gespräch zwischen verschiedenen Religionen: die Behauptung einer übergeordneten Perspektive, wie sie sich in Begriffen wie »Toleranz« oder »gemeinsamer Gott« artikulieren kann, und die Verabsolutierung des eigenen Standorts in der Welt.

Bereits dann, wenn etwa ein Muslim und ein Christ sagen, dass sie gemeinsam beten wollen, sind umfassende Vorannahmen im Spiel. Was ist denn ein Gebet? Ist das, was Beten sein soll, abzulösen von den Kontexten konkreter verschiedener religiöser Praxis? Geht das überhaupt: Über Religionsgrenzen hinweg gemeinsam beten?

Ich will eine mögliche christliche Annäherung an diese Fragen skizzieren: Was ist ein Gebet? Unbestritten gebetserfahrene griechisch-orthodoxe Athosmönche schrieben: »Du aber, wenn du in deiner stillen Zelle sitzt und deinen Geist sammeln willst - ziehe diesen durch die Nase ein, durch die der Atem zum Herzen kommt, [...] dränge ihn ins Herz hinunter, zusammen mit der eingeatmeten Luft ...«[2] Für jene Ausgesonderten, die zurückgezogen auf einer Halbinsel in der Ägäis leben, ist ein Gebet zunächst nichts als Hocken und Atmen. Jeder Gedanke wird zurückgebunden an den einfachen Puls des Lassens und Empfangens. Vor der Sprache liegt der Atem. Von *hier,* aus dem Innersten, weist die Geste nach *dort*, hinaus, ins Geheimnis Gottes.

In der Gebetsart der Athosmönche liegt mehr verborgen als eine Methode der Meditation. Es zeigt sich ein besonderes christliches Selbstverständnis. Christlicher Glaube entsteht in einem Puls, im Atem, im Nehmen und Geben, im Empfangen und Lassen. Christen können nie »an und für sich« sagen, wer sie sind und was sie ausmacht, da das Wesentliche immer von außen kommt und empfangen wird, in aller Unverfügbarkeit. Ein Außen, ein Ruf bildet das Innen. Christen erwarten Gott, und sie fühlen sich zugleich von ihm im Innersten getragen und durchdrungen, und solche Geborgenheit ist letztlich doch immer eine Sehnsucht, eine Daseinsform, die noch aussteht. Sie wird erhofft im gekommenen, im kommenden Christus. Darum sind auch die christliche Liturgie und ihre Gebetspraxis nie aus sich selbst gegeben oder normativ zu bestimmen. Sie waren und sind seit der Frühzeit des Christentums offen, sie atmeten, sie nahmen auf und gaben, sie

---

2 Vom Herzensgebet der Athos-Mönche, Die Centurie der Mönche Kallistus und Ignatius anthopouloi genannt, Die Meditation des Herzensgebets, herausgegeben und übersetzt von Alfons Rosenberg, Bern und München: Otto Wilhelm Barth, 1983, S. 51ff.

ließen sich prägen und formten zugleich Kulturen. Das Christentum ist gewachsen aus dem Judentum, ist durchdrungen von griechischem Denken, es formte seine Gestalt in Auseinandersetzung mit vielfältigen spätantiken Kulten in einem Kontext, in dem sich auch der frühe Islam entfaltete, es war und ist immer im Werden. Denn es ist lebendig, und zum Leben gehören Atmung und Bewegung. Das Christentun war immer eingetaucht in eine Umgebung, und *in* dieser entfaltete es seine Gestalt in dauernder Wechselwirkung. Genau das heißt ja Gestaltwerdung: sich abgrenzen und zugleich öffnen, sich unterscheiden und zugleich kommunizieren. Die Grenzen des »Leibes Christi«, seine Haut ist atmungsaktiv, sie schirmt ab und sie hat Poren und Öffnungen, Membranen, durch die Fremdes eindringt, um abgewehrt oder verwandelt zu werden. Als Organismus ist er sensibel, offen in seiner Natur und verdankt sich Fremdem.

Das heutige Christentum in Mitteleuropa steht vor zwei fundamentalen Herausforderungen, die seine Gestalt prägen. Da ist einerseits ein grundlegender Bedeutungsverlust in bestimmten Kultursegmenten, die mit weltimmanenten Vorstellungsräumen zurecht zu kommen scheinen und Religion als Störfaktor gerade noch tolerieren. Da ist anderseits die Pluralität von religiösen Wegen, die sich im Nebeneinander der großen Weltreligionen innerhalb unserer Gesellschaft zeigen, vor allem aber auch in der explosiven Vielzahl subjektiver Glaubensvorstellungen, in denen ein »expressiver Individualismus«[3] (Charles Taylor) die Sphäre der Religion erreicht. Das Christentum in Mitteleuropa, verunsichert nach innen und außen, neigt zum Rückzug oder zur Hy-

---

3 Charles Taylor, Quellen des Selbst. Die Entstehung der neuzeitlichen Identität, Suhrkamp Verlag, Frankfurt am Main, 1996, S. 651.

peraktivität in sozialethischen Fragen – und das sind natürliche Reaktionen.

Die Konzentration auf den Atem, das Nehmen und Geben, stärkt nicht nur Einzelne, sondern auch Gemeinschaften. So gesehen sind interreligiöse Begegnungen mehr als nur Bausteine für ein friedliches Zusammenleben in unserer Gesellschaft, mehr als nur eine zivilreligiöse Notwendigkeit in pluralem Umfeld – sie stärken vielmehr das Christentum selbst. Sie führen es zurück auf die elementaren Fragen nach seinen inneren Gestaltungskräften, nach dem Geist in ihm und nach Lebensformen, die heute tragfähig sein können. Sie zwingen es, Grenzen zu bestimmen (und das heißt vor allem: darüber zu streiten) und immer neu zu erfahren, wie der Glaube die Welt durchdringen kann. In der gastlichen Öffnung für das Fremde wird das Eigene neu erfahren. Das ist keine Heilungsmethode für angeschlagene Kirchen, aber es ist ein Feld, wo sich Identität jenseits von Behauptungen, von Retrospektiven und Ressentiments bewähren und lebendig bilden kann und muss.

»In jedem Raum des Eintauchens verschmelzen formal *Tun* und *Erfahrung*, Handeln und Erdulden. [...] Vor allem ist der Zustand des Eintauchens der metaphysische Ort einer noch radikaleren Identität, nämlich der von Sein und Tun«[4], so schreibt Emanuele Coccia in seinem Buch *Die Wurzeln der Welt. Eine Philosophie der Pflanzen*. Er beschreibt, wie Pflanzen durch ihre Atmung die Atmosphäre der Erde veränderten und sich ein Klima bildeten, in dem sie leben können. »In-der-Welt-Sein bedeutet *zwangsläufig Welt machen: Jede Aktivität* der Lebewesen ist ein Akt des *Designs*

4 Emanuele Coccia, Die Wurzeln der Welt, Eine Philosophie der Pflanzen, Carl Hanser Verlag, München, 2018, S. 56.

im lebendigen Leib der Welt.«[5] Das Christentum ist kein Gewächs, aber es verändert Atmosphären, es atmet. Seine Identität besteht darin, hinauszugehen in die Welt. Die interreligiöse Begegnung ist niemals nur ein Accessoire, sondern die verantwortliche Zeitgestalt des Glaubens in einer pluralen Gesellschaft.

Blätter, die Atmungsorgane der Pflanzen, hoch in den Wind gehoben oder kriechend über Felsen gestreckt, sie sind enorm vielgestaltig in ihren Formen. Es genügt, im zeitigen Frühjahr ihre Anfänge zu betrachten, ihr Hervorbrechen aus den Knospen. Ich streife durch den Wald und sehe das grelle, selbstbewusste Grün des austreibenden Bergahorns, das vorsichtige blasse Blattwerk der Birken, das schüttere Gelb der Eichentriebe, das seiner wachsenden Kraft gewisse Tasten der ersten Brennnesseln im Altlaub, das Schäumen des Bärwurzes in windgeschützten Winkeln. Lauter Anfänge: In den Blättern öffnen sich der Baum oder das Kraut sichtbar der Zeit. Etwas davon durchzieht hoffentlich dieses Buch, so tastend, so umstritten, so riskant, so unabgesichert sind viele der Entwürfe und Gedanken darin. Sie wurzeln, so jedenfalls empfinden es die Autoren, fest in den Traditionen und Ursprungsenergien der eigenen Religion. Sie bilden tiefe Atemzüge ab – in ihnen zeigt sich eine lebendige Religiosität.

---

5 Ebd.: S. 57.

Quellenverzeichnis

Wir zitieren den Koran durchgehend nach der Übersetzung von Hartmut Bobzin: Der Koran, aus dem Arabischen neu übertragen und erläutert von Hartmut Bobzin unter Mitarbeit von Katharina Bobzin, Verlag C.H.Beck, München, 2., überarbeitete Auflage, 2017.

Muslimische Gebete ohne Quellenangabe entstammen der Praxis des House of One in Berlin. Zum Teil sind nur Ausschnitte wiedergegeben. Die Darstellung der muslimischen und jüdischen Gebete oder derer von anderen Religionen dient hier lediglich dazu, eine Vorstellung von dem zu geben, was möglich ist.

S. 57 f.
Agende für die Evangelische Kirche von Kurhessen-Waldeck, Band III/3, Die Trauung, Kirchliches Amtsblatt Nr. 5a / 127. Jahrgang Kassel, 31. Mai 2012, S. 140f.

S. 72
Jüdisches Gebetsbuch / Schabbat und Werktage, herausgegeben von Rabbiner Andreas Nachama, Rabbiner Jonah Sievers unter Mitarbeit von Dr. Noga Hartmann, Gütersloher Verlagshaus, 2009, S. 184.

S. 86
Siddur, Schomer Jissrael, Jiskor – Gedenkgebet, Nussach Aschkenas, deutsche Übersetzung: Yehoshua Krause, Satz: Zsolt Balla, digitale Auflage, 2020, S. 586f.

S. 90
Jüdisches Gebetbuch, Pessach - Schawuot - Sukkot, herausgegeben und übersetzt von Rabbiner Prof. Dr. Andreas Nachama, Landesrabbiner Jonah Sievers unter Mitarbeit von Dr. Noga Hartmann, Gütersloh: Güterloher Verlagshaus, 2009, S. 391f.

S. 121
Hedwig Mersch-Theissen, Jüdisches Friedensgebet, https://www.grenzecho.net

S. 122
https://islam.de / Bittgebete nach dem fard-Gebet / Das Gebet (ein Informations- und Serviceangebot des Zentralrats der Muslime in Deutschland)

Autoren und Herausgeber

Gregor Hohberg, bis 2024 Pfarrer der Evangelischen St. Petri-St. Marien Gemeinde Berlin und Präsident der Stiftung House of One, seitdem Pfarrer an der St. Nikolai-Kirche in Potsdam

Dr. h. c. Christian Lehnert, Dichter und Theologe, bis 2024 Wissenschaftlicher Geschäftsführer des Liturgiewissenschaftlichen Institutes der VELKD in Leipzig an der Theologischen Fakultät der Universität Leipzig

Prof. Dr. Ahmad Milad Karimi, Religionsphilosoph, Islamwissenschaftler und Dichter, Professor für islamische Philosophie an der Westfälischen Wilhelms-Universität Münster

Prof. Dr. Dr. h. c. Michael Meyer-Blanck, Professor für Praktische Theologie und Religionspädagogik an der Universität Bonn